Von Badischen und Unsymbadischen

Wolfgang Hug

Von Badischen und Unsymbadischen

Eine heitere Landeskunde

THEISS

Bibliografische Information der Deutschen Nationalbibliothek
Die Deutsche Nationalbibliothek verzeichnet diese Publikation in der Deutschen Nationalbibliografie; detaillierte bibliografische Daten sind im Internet über http://dnb.d-nb.de abrufbar.

Umschlaggestaltung: Stefan Schmid, Stuttgart, unter Verwendung einer Aufnahme von Joachim Feist, Pliezhausen (Brunnenfigur vom Hans Kuony-Brunnen in Stockach)

3., korrigierte Auflage 2012

Lektorat: Heide Stieger, Stuttgart
Satz und Gestaltung: nalbach typografik, Mannheim
Druck und Bindung: CPI – Ebner & Spiegel, Ulm
Gedruckt auf säurefreiem und alterungsbeständigem Papier
Printed in Germany
ISBN 978-3-8062-2648-5

Besuchen Sie uns im Internet: www.theiss.de

Inhalt

Zum Auftakt

»Das schönste Land in Deutschlands Gau'n«

Humor ist keine badische Erfindung. Eher eine britische. Aus England kam jedenfalls der Begriff mit dem Wort zu uns. Das war im 18. Jahrhundert. Wer Humor hat, so sagt es die Brockhaus-Definition, besitzt eine Gemütsverfassung, die ihn mit Lächeln zur Wirklichkeit Ja sagen lässt, auch wo diese widrig ist. Humorvoll lachen oder schmunzeln, können das die Badener und die Badenerinnen – die weibliche Seite ist im folgenden stets mit gemeint – etwa besonders gut? Manche wohl schon. Aber die Schwaben (um eine direkte Vergleichsgröße zu nehmen) können es noch besser. Allerdings scheint mir der »badische Humor« anders als der schwäbische zu sein, leiser und leichter, leichtfüßiger sozusagen, nicht so scharf profiliert und abgrenzend. Er ist wie alles im Badischen dem Extremen abhold und eher integrativ, durchsetzt von vielerlei Einflüssen, die von außen eingedrungen sind. So befindet sich unter den heiteren Geschichten im Badischen eine Menge »Strandgut«, das von anderwärts stammt und hier hängen geblieben ist. Man war und ist im Badischen gewohnt, Fremde(s) zu integrieren. Die Einebnung der Grenzen erfolgte hier nicht erst durch die moderne Globalisierung. Wo die globale Entgrenzung freilich die regionale Eigenart und Identität bedroht, wächst auch der Wunsch nach Bewahrung des Eigenen, Besonderen. Dazu dienen die hier versammelten Anekdoten, Witze und Gedichte. Kennzeichnen sie doch in gewisser Weise den Menschenschlag der hiesigen Bevölkerung. Badischer Humor verrät badische Lebensart. Im Grunde sind die heiteren Geschichten so etwas wie Fingerabdrücke der badischen »Volksseele«. Gewiss kann man bezweifeln, ob es überhaupt so etwas gibt oder gab wie ein »badisches Volk« und seine Eigenart. Zu relativieren sind Klischees von »Volk« und »Volkscharakter« auf jeden Fall. Das gebietet nicht zuletzt der Humor selbst, zumal der badische. Aber es bleibt dennoch auch etwas Wahres an der Volksweisheit: »Sag mir, worüber du lachen kannst, und ich sage dir, wer du bist!«

Baden war immer ein Durchgangsland: Auch ein Grund, weshalb vieles, was hier erzählt wird, Importware ist. Das lässt sich schon an der badischen »Nationalhymne«, dem Badnerlied, ablesen. »Das schönste Land in Deutschlands Gau'n«: So priesen ursprünglich die Sachsen ihr Land, wo im 19. Jahrhundert ein entsprechender Text samt der Melodie entstanden war. Aber dann hat man das Lied dem Badnerland angepasst. In der neuen Form wurde es etwa seit 1870 zum beliebtesten Marschlied im badischen Militär. Und heute singen es Einheimische und Zugereiste mit Inbrunst und Rührung. Viele können zumindest die ersten zwei Strophen auswendig. Die Zustimmung bleibt freilich aus, wenn es in der zweiten Strophe heißt: »In Rastatt ist die Festung, und das ist Badens Glück.« Wer saß nicht alles in jener Festung gefangen nach dem Scheitern der badischen Revolution von 1848/49! Da braucht man schon einigen Galgenhumor, um die Festung als des Landes Glück zu preisen. Der »Landesverein Badische Heimat e. V.« hat neuerdings dazu aufgefordert, die Strophe umzudichten. Einen Versuch dazu gab es schon vor Jahrzehnten mit folgender Neufassung des Textes: »In Karlsruh' war die Residenz. / In Mannheim die Fabrik. / Und Rastatt einer Festung glich. / Doch das liegt lang zurück.« Durchsetzen ließ sich das nicht. Auch nicht jene gegen den Bau einer Mercedes-Versuchsstrecke im badischen Boxberg gerichtete Version: »In Stuttgart steht der Daimler-Benz, / In Mannheim die Fabrik. / In Boxberg bläst der Widerstand, / Und das ist Badens Glück!«

Man nimmt die Sache am besten mit Humor, will sagen, nicht ganz so ernst. Das gilt auch für den Stolz der Badener auf ihr »Muschterländle«! Da sangen vor mehr als 60 Jahren ganz standfeste Altbadener: »Lasst gelb-rot-gelbe Fahnen wehn / vom Bodensee bis an den Main! / Und wo wir Badens Fahnen sehn, / soll auch die Heimat sein!« Gelb-rot-gelb waren (oder sind) die badischen

Landesfarben. Aber wie lange gab es denn dieses Baden? Was man heute als »badisch« oder »typisch badisch« versteht, entstand im Rahmen des 1806 von Napoleon geschaffenen Großherzogtums Baden. 1919 zum republikanischen »Freistaat« geworden, verlor das Land 1933 seine Autonomie, wurde 1945 geteilt und ging 1952 in Baden-Württemberg auf. Längst war aber so etwas wie eine badische Identität herangewachsen, die seitdem eher stärker als schwächer geworden ist. Das »Badische« bildete freilich stets ein Gemenge von recht unterschiedlichen Charakterzügen. Waren doch in dem Land Teile von zwei Stämmen vereint: Rheinfranken, zu denen insbesondere die Pfälzer gehören, und Alemannen vom Bodensee bis zum Oberrhein. Beschwörend dichtete ein »Auslands-Badener« 1952 in Ratingen: »Die Pfälzer und die Alemannen / Und die im Frankenland, / Die schau'n einander friedlich an / Als Badner wohl verwandt. – Vom Bodensee bis an den Main, / Ein Gottesgarten nur! / Mein Heimatland, dir treu zu sein / Ist unser aller Schwur!« Das klingt schon ziemlich komisch heute!

Statt solcher Heimattümelei sollen die Proben des badischen Humors den Blick auf die Vielfalt der Region und ihrer Bewohner richten, auf ihre Eigenarten – im Norden, in der Mitte und im Süden. Die in Baden beheimatet sind, bilden eine »zähe, vertrauliche und etwas verzwickte Familie«. So hat das *Wilhelm Hausenstein* einmal gesagt, ein überzeugter Badener und ein frankophiler Weltbürger zugleich. Der Humor verrät indirekt, warum sie so geworden sind, wie sie sind. Warum sie ihr Land gerne als eine Wohlfühlregion betrachten, in der ihr Humor duchaus einen wertvollen, wenn auch »weichen« Standortfaktor bilden könnte. Und vielleicht erklärt der Humor am Ende auch, weshalb so viele hier zu Lande meinen, es gäbe eigentlich nur zweierlei Menschen: »Badische und Unsymbadische«.

»Ich glaub', dich hät's!«

Humor auf badisch verstehen

Humor will unterhalten, zum Lachen oder Schmunzeln anstiften. Er ist wie ein Schmiermittel zur besseren Verständigung. Aber man muss aufpassen, damit man die Pointen versteht. Wer heitere, humoristische Geschichten erzählt, setzt darauf, dass die Zuhörer Spaß verstehen – und ebenso die Leserinnen und Leser auch.

Missverständnisse

Manche der heiteren Geschichten machen ein Missverständnis selbst zur Pointe. Berühmt ist die Geschichte von *Johann Peter Hebel* mit dem Titel »*Kannitverstan*«. Darin zeigt sich, wie gut sich Humor und Tiefsinn miteinander vertragen:

Ein Handwerksbursche sah in Amsterdam erst ein besonders prachtvolles Haus, dann ein stolzes Handelsschiff und schließlich einen großen Leichenzug. Auf seine Frage, wem das Haus und das Schiff gehöre und wessen Leichnam man im Zug zum Grabe führe, erhielt er stets die gleiche Antwort »Kannitverstan«. Das hielt er für den Namen des Mannes. Doch das Missverständnis (das die Leserinnen und Leser von Hebels Kalendergeschichte natürlich sogleich mit Schmunzeln durchschaut haben) brachte ihn, der den Herrn »Kannitverstan« wohl beneidet hatte, zur tieferen Einsicht: »Kannitverstan«, rief er aus, »was hast du nun von allem deinem Reichtum? Was ich einst von meiner Armut auch bekomme!« So konnte er »zufrieden werden mit seinem Schicksal, wenn auch nicht viel gebratene Tauben für ihn in der Luft herum« flogen. So können Hebels Figuren die Wirklichkeit bejahen, auch wenn sie widrig ist.

Verwechslung

Kam ein Bauer im Schwarzwald, vielleicht war es der »Bläsibur« namens Ganter, zum Doktor. Dem hat die Arzthelferin die Karteikarte bereit gelegt. Allerdings hatte sie nicht genau auf den Vornamen geachtet, sondern eben nur auf die Angabe »Ganter, Bläsibur«. Auf der Karte war rot markiert: ist schwerhörig. Der Doktor redete entsprechend laut mit dem Patienten. Am Schluss verabschiedete sich der und meinte: »'S nächst mol bruechet Sie nimmer so brüele, Herr Dokter; sell isch min Brüeder, wo nint me hört!«

Man wartet im Badischen ab, widerspricht nicht gleich und geht der Konfrontation lieber aus dem Weg. So auch im nächsten Fall.

»Harter Stuhl«

Ein Arzt untersucht eine Patientin, die über Leibschmerzen klagt, und fragt: »Haben Sie denn öfters einen harten Stuhl?« Sie wimmelt ab: »Hä nai, Herr Dokter! Sell kummt bi mir nit vor, i hock immer uf em Kanapee!«

Im Dialekt hat die humorvolle Verständigung ihren besonderen Reiz. Unter Landsleuten gibt es da meist keine Probleme. Aber mit »Norddeutschen«? Das sind aus badischer Sicht die Leute, die nördlich der Mainlinie daheim sind. Man pflegt ihnen mit gewissem Misstrauen zu begegnen. Noch heute sind manche Badener den Preußen gram, weil sie damals 1849 mit militärischer Gewalt den Badischen »Freiheitskampf« erdrosselt haben. Da wird dann gern das »Badische Wiegenlied« zitiert mit den makabren Versen »Schlaf, mein Kind, schlaf leis. / Da draußen geht der Preuß. / Deinen Vater hat er umgebracht. / Deine Mutter hat er arm gemacht...«. Verfasst wurde es allerdings von einem Schwaben, dem aus Stuttgart nach Straßburg entflohenen »Republikaner« *Ludwig Pfau*.

Ironisch gemeint

Ein anderer Schwabe, *Georg Herwegh*, der mit dem badischen Freiheitsidol Friedrich Hecker für die Republik gekämpft hatte, zog sich nach der Rückkehr aus der Emigration ins badische Lichtenthal bei Baden-Baden zurück und spielte (voller Ironie) den Spießbürger mit folgenden Versen:

...Du sollst, verdammte Freiheit! mir
Die Ruhe fürder nicht gefährden;
Lisette, noch ein Gläschen Bier!
Ich will ein guter Bürger werden.

Auch ich sprach einst vom Vaterland
Und solchen sonderbaren Dingen,
Ich trug mein schwarzrotgolden Band
Und ließ die Sporen furchtbar klingen:

Doch selig, wer im Gleise geht
Und still im Joche zieht auf Erden –
Was hilft die Genialität?
Ich will ein guter Bürger werden...

Ironisch stellte auch *Heinrich Hansjakob* fest, dass seine Kinzigtäler Landsleute nach der Badischen Revolution wieder ganz loyale Untertanen wurden, »die fortan stets die Wege einer weisen Regierung gingen.« Ironisch-zweideutig zu verstehen ist auch die folgende Auskunft:

»Stieg mer doch de Buckel nuff«

Fragte ein Norddeutscher einen Freiburger, wie er zum Panorama-Hotel komme, das ehemals »Jägerhäusle« hieß. Der erklärte ihm haargenau den Weg hinauf zu dem Hotel, das am Hang oberhalb der Sonnhalde gelegenen ist. Doch der Fremde wollte es noch genauer wissen. Schließlich platzte dem Freiburger die Geduld und er riet dem Frager (ziemlich zweideutig): »Stieg mer doch de Buckel nuff!«

Schwer verständlich

»Hä«

Ein anderes »Nordlicht« hat nicht verstanden, was ihm ein Einheimischer erklärt hatte, und fragt deshalb in vornehmem Hochdeutsch: »Wie haben Sie eben so richtig gesagt? Ich konnte Sie nicht verstehen.« Der Alemanne stutzt und überlegt, was der Preuße wohl meinte. Dann geht ihm ein Licht auf und er antwortet erleichtert: »Ach so, Sie meinet ‚Hä!'«

Kürzer geht es wohl nicht. Manche Alemannen gelten in der Tat als wortkarg, ganz im Unterschied zu den nordbadischen Pfälzern. Ihren Dialekt lieben die »echten« Badener alle. Viele versuchen ihn allerdings allmählich zu einer Art »Hochbadisch« umzuwandeln. Doch nicht jedem gelingt das:

»Gröschti Herdöpfl«

Ein Badener bestellt in einem Kölner Restaurant ein Schnitzel mit »gröschti Herdöpfl«. Der Kellner hat ihn nicht verstanden und fragt, was der Gast haben wolle. Der erklärt: »Wisset Sie, Herdöpfl, so heißen bei uns Kartoffeln.« Nach etlicher Zeit bringt der Kellner das Schnitzel und eine Riesen-Pellkartoffel. Der Gast aus dem Badischen darauf: »Die habe ich doch gar nicht bestellt. Ich wollte gröschti (= geröstete) Kartoffeln haben.« Der Kellner: »Das war von allen Kartoffeln die Größte, die wir auftreiben konnten!«

Das Kreuz mit den Fremdwörtern

Eine Frau in der Gärtnerei: »Ich hätte gern 20 Gladiatoren.« Die Verkäuferin: »Sie meinen sicher Gladiolen.« »Ach ja«, korrigiert sich die Frau, »das andere sind ja die Heizkörper!«

In einer Schwarzwälder Grundschule geht es um das Thema »Vegetarier«: »Des sinn arme Lüt (= Leute) «, meint einer (weil die sich kein Fleisch leisten können, denkt er wohl). »Des sinn Tierschützer«, meldet sich ein anderer. »Jetzt weiß ich's«, verkündet dann einer stolz: »Des sinn Lüt, die abnehme welle!« – Und noch was vom Vegetarier: Lisa berichtet ihrer Freundin, dass ihre Schwester jetzt heiraten werde, einen Vegetarier. »En Vegetarier? (Sie dachte an einen Veteranen) Warum denn so en Alte?«, wendet die Freundin ein. »Des isch kein Alte, des isch eine, wo kei Fleisch mag.«

Voll daneben

Mag Ihr Hund Kinder?

Zwei Mütter begegnen sich mit ihren Kindern beim Kindergarten. Die eine hat ihren Hund dabei. Der knurrt, dass man Angst kriegt. Die andere fragt vorsichtshalber: »Mag Ihr Hund Kinder?« Die darauf: »Ha sell scho, aber mir gebet ihm doch lieber Schappi.«

Dunder und Doria

»Wir haben Zwillinge bekommen«, berichtet freudestrahlend ein Kind der Lehrerin in der Schule. »Wie sollen sie denn heißen«, fragt diese. Das Kind: »Dunder und Doria. So hat der Vadder gsagt, als die zwei auf die Welt gekommen sind.«

Anders gemeint

Sitzt ein Verehrer mit seiner Freundin in der lauen Mondnacht auf einer Bank, oder einem Bänkle, wie man im Alemannischen sagt. Er hält ihr das Händchen und meint: »Weischt du, es sieht uns jo niemerd. Ich hätt jetzt richtig Luscht für mit dir e Dummheit z'mache.« Sie flüstert zärtlich: »Jo gärn.« Drauf wird der junge Mann konkreter: »Ja hopp, kumm her, mir werfe 's Bänkli um!«

Die Sprache des Nachbarn

Von *Johann Peter Hebel*, einem echten Badener, kann man wohl sagen, dass er den Humor der Leute am Oberrhein auch in der Literatur zu Ehren brachte. Einige seiner Geschichten haben den Titel »*Missverstand*«. Die eine lautet:

»Im neunziger Krieg, als der Rhein auf jener Seite von französischen Schildwachen, auf dieser Seite von schwäbischen (damals = südwestdeutschen) Kreissoldaten besetzt war, rief ein Franzos zum Zeitvertreib zu der deutschen Schildwache herüber: Filu! Filu! Das heißt auf Deutsch: Spitzbube. Allein der ehrliche Schwabe dachte an nichts so Arges, sondern meinte, der Franzose frage: Wie viel Uhr? und gab gutmütig zur Antwort: Halber viere.«

Die Geschichte kann einiges von der badischen Mentalität zum Vorschein bringen: Zum Beispiel die Gutmütigkeit der Badener: »Der dachte an nichts so Arges«. Zu dieser Geistesart gehört wohl auch ein wenig Einfalt, das Treuherzige, so gar nicht Streitbare, Gutmütige eben. Davon, aber auch vom Wortwitz in der für Baden so bedeutsamen deutsch-französischen Nachbarschaft, handeln auch die zwei folgenden Geschichten:

»Die Revanche ist im Gang«

Im Ersten Weltkrieg standen sich deutsche und französische Soldaten in Schützengräben auf Rufweite gegenüber. Rief ein stolzer Franzos zur deutschen Seite hinüber: »La Revanche est en marche«. Von dort kam prompt die Antwort: »Du mi au!« Er hatte nur die beiden letzten Worte vernommen – und gedeutet, wie er sie verstand.

»I hett gern en Käs«

Kommt ein Soldat im 70er Krieg in einen französischen Laden und will einen Käse kaufen. Also sagt er: »I hett gern en Käs!« Der Patron antwortet: »Je ne comprends pas«. Der Soldat: »Verschtesch, i hett gern e bissele Käs.« Der Patron: »Je regrette mille fois, mais je ne comprends pas du tout.« Der Soldat resigniert: »O, leck mi am Arsch!« Worauf der Patron strahlt: »A oui, fromage!« Und der Soldat bekam, was er verlangt hatte.

In der Mundart

Die Mundart erleichtert die Verständigung unter den jeweils »Einheimischen«. Jedenfalls, wenn sie mit einander reden. Den Leserinnen und Lesern wird empfohlen, die Geschichten laut zu lesen, dann werden auch diese Mundart-Texte verständlich. Eine »badische« Mundart gibt es ja nicht. Seit gut zwei Menschenaltern erarbeiten gelehrte Fachleute zwar ein »Badisches Wörterbuch«. Sie sind inzwischen bis zum letzten Drittel des Alphabets gelangt. Die Bände dieses Werkes enthalten Worte, die »in den Mundarten« im Lande gebräuchlich waren oder noch sind. Der Plural bedeutet: Im Badischen gibt es mehr als einen Dialekt. Im wesentlichen sind es zwei, wenn man nicht genauer unterscheiden will, nämlich das Rheinfränkische mit dem Pfälzischen in Nordbaden und das Alemannische im mittleren und südlichen Teil des Landes. Die Mundartgrenze verläuft etwa entlang der Oos-Murg-Linie.

»Am ganze Ranze«

Der neue Freund machte seinem Mädchen ein Kompliment beim Tanzen, als er ihrer Wange zu nahe kam: »Ja, was hast du für eine zarte Haut!« Sie darauf: »Lieb von dir, wie du des saisch (= sagst), aber waischt (= weißt) du, so bin ich am ganze Ranze!«

Zug verpasst?

Rennt einer keuchend durch den Bahnhof auf den Bahnsteig. Zu spät. Er sieht gerade noch die Rückleuchten vom letzten Wagen. Fragt ein anderer mitleidig: »Haben Sie den Zug verpasst?« Er darauf: »Nai, nai. Ich han en nu verschüücht (= verscheucht).«

Mit 80

Ein anderer wird mit stark überhöhter Geschwindigkeit auf einer Ortsstraße von der Polizei gestoppt. Der Polizist fährt ihn an: »Sind Sie verrückt, so mit achtzig die Straße herunter zu fahren?« Der Mann entschuldigt sich treuherzig: »Sell isch nue min Huet, wo mich so alt macht.«

In Mannem

Eine unvergesslich liebenswerte Figur des Pfälzer Humors ist der »*Blumenpeter*«, ein Mannheimer Blumenverkäufer namens Peter, dessen Geschichten im »Mannemer Dialekt«, auf Kurpfälzisch also, überliefert sind und von der Mannheimer Hofbuchhandlung Löffler in einem »*Großen Blumenpeter-Buch*« gesammelt herausgegeben wurden. Hier zunächst zwei Beispiele zum Thema »Hab ich Sie richtig verstanden?«

Gewechselt

Wird dem Peter seine Frau operiert, weil sie ein Fünfmarkstück verschluckt hat. Aufgeregt erzählt er seinem Freund, der Doktor habe im Magen statt des einen Fünfmark-Stücks lauter Ein- und Zweimarkstücke bei ihr gefunden. Der Freund beruhigt ihn: »Des wunnert mich garnet, sie is doch in de Wechseljohr.«

Nicht verwẹchseln!

Peter darf im Zirkus aushelfen und die Tiere füttern. Er lädt seinen Freund ein, doch mal zu kommen und ihm zuzuschauen, wenn er die Affen füttere: »Am Sunndaach kummsch emool raus, des koscht dich nix. Ich steh als bei de Affe drin im Käfig.« Der Freund verspricht zu kommen und bittet nur: »Awwer loß de Hut uff, dass isch dich nit verwechsle duh.«

Humor im Dialekt schafft eine gewisse Intimität und schließt oft diejenigen aus, die nicht dazu gehören, das heißt auch die, die den Witz nicht kapieren. Wer in der Mundart erzählt, vertraut auf ein tieferes Einverständnis: Wer lacht, stimmt der Pointe – und der darin verpackten Lebensweisheit – im Grunde zu. Obwohl die beiden in Baden vorherrschenden Mundarten grundverschieden sind, haben beide etwas Verbindliches, einen Vertrauen erweckenden, wohlwollenden Klang. Sie passen zu der im Badischen verbreiteten Gemüts und Lebensart, die *Jean Giraudoux* »la Gemuetlichkeit badoise« genannt hat.

Im Pfälzisch-Rheinfränkischen klingt vieles besonders heiter und flott. Da möchte eine »Monnemerin« (eine Frau in Mannheim) ihr Töchterchen vorzeitig im Kindergarten anmelden und meint ganz stolz: »Unser Ernale is e uffgweckte Krott. Erscht zwee Johr alt und kann schun Drecksau saache!« Man versuche das mal auf Hochdeutsch auszudrücken. Oder die folgende Begebenheit:

»Drin drauß gewest«

Peter geht noch zur Schul'. Neben ihm meldet sich der kleine Schorschl: »Herr Lehrer, ich muss emool naus.« Der Lehrer guckt auf die Uhr: »In drei Minuten läutet es. So lange wirst du wohl noch warten können.« Kurz darauf meldet sich Peter, Schorschls Banknachbar: »Herr Lehrer, de Schorschl is drin drauß gewest!«

Auf Alemannisch

Das Alemannische klingt zwar rauer, und vom Hochalemannischen der Schweizer heißt es, es sei keine Sprache, sondern eine Halskrankheit. Doch auch der alemannische Dialekt hat etwas Anheimelndes, Behagliches. Es scheint, dass der Dialekt die Härten abzumildern vermag.

Vom Durst

Ein Hotzenwälder stand vor Gericht wegen wiederholtem Randalieren im Suff. Der Richter redete ihm ins Gewissen, doch er rechtfertigte sich: »Ihr Herre schwätzet numme vo miene Rüüsch (= meinen Räuschen); aber vo mim Durscht said keiner öbbis (= sagt niemand etwas)!«

Das Vokabular der Mundart ist besonders reich an Schimpfworten und entsprechenden Redewendungen. Im Alemannischen kennt man den Simpel, auf Pfälzisch »de Simbl«, den Gischpel (= einen fahrigen Menschen), en Lumpeseckel, und durchaus anerkennend kann man im Dialekt vom Lumpedier reden. Es gibt den Kaibesiech, wörtlich: einen siechen Kadaver, des Mensch (= eine weibliche Person), verstärkt: des Saumensch. Auch den Simpel kann man zum Granatesimpel verstärken! Noch leicht verständlich mögen für Fremde solche Wendungen sein: »So was von dabbig! (= ungeschickt)« oder »Mach kei Faxe!« Aber was soll es bedeuten, wenn einer auf eine Bitte oder Forderung entrüstet antwortet: »Ich glaub', dich hät's!« Es soll heißen: Du bist wohl nicht ganz bei Trost! Im Pfälzischen kann das auch lauten: »Isch glaab, du bisch iwwerg'schnappt.« Und was bedeutet es, wenn einer auf Rheinfränkisch bzw. Pfälzisch warnt: »Mach mer bloß keene Sperenze«? Oder auch: »Keine Fisimatente!« Da hat die französische Nachbarschaft oder die Besatzung in den »Franzosenkriegen« vor 300 Jahren Spuren hinterlassen: Fisimatente kommt von visiter ma tente (= mein Zelt besuchen). Aus dem Französischen kommt auch das badische Wort für den Nachttopf: Potschamber (aus pot de chambre); plären (= heulen) kommt von pleurer, und so gibt es noch etliche mundartliche Lehnwörter.

Manches klingt selbst im Hochalemannischen, das ja als »rauh und pelzig« gilt, fast einschmeichelnd, lautmalerisch. Wenn etwa ein Verliebter seiner Angebeteten »en Aali« geben will, wenn jemand einen Schnuderlumpe (= ein Taschentuch) braucht, ein anderer einen Gluckser macht (was viel weicher klingt als ein Rülpser), wenn auf einem Bauernhof schöni Bibeli (= Hühner) herumlaufen, ein Bub e Hos us Ribeli-Stoff (= Kordsamt) trägt, wenn man einen Schluck aus einem Schnapsbudeli oder einer Mostguttere trinken kann und anderes mehr. Wieso bei den Badenern »die Füß« (= die Füße) bis zur Hüfte reichen, ist ungeklärt. Jedenfalls versteht es hier zu Lande jeder, wenn man ihn bittet: »Strecke Sie ruhig Ihre Füß aus!«

Gereimtes

Viele Kinderreime lassen erkennen, wie man im alemannischen »Volksmund« der widrigen Wirklichkeit etwas Positives abgewinnt. So singt man zum Beispiel, wenn ein Kind sich weh getan hat:

Haile, haile Sege, ‘s Chätzli sitzt an de Stege;
wenn es Chätzli füre chunnt,
isch es Büebli au scho gsund.

Zwei andere Kinderverse lauten:

Rege, Rege, Tröpfli,
‘s regnet uf mi Chöpfli.
‘S regnet uf des grüini Gras;
weret myni Füeßli nass.

Schnyder, Schnyder, meck, meck, meck,
Frisst de Speck mit samt dem Dreck!

Wer sich mit Humor verständigen will, unterstellt einfach, dass die Hörerinnen und Hörer auch beim Unausgesprochenen, bloß Angedeuteten schon wissen, was gemeint ist. Schwer zu erklären, woher dieses apriorische Einverständnis stammt. Bei den folgenden Versen weist allerdings schon der Reim auf die rechte Spur:

Vom Blumenpeter
Einst ging der Peter fischen,
Da war die Schnur zu kurz.
Schon wollt’ der Hecht entwischen,
Da ließ er einen fürchterlichen F – luch.

Er watet keck hinein
In den Vater Rhein
Und fing 'nen fetten Barsch.
Das Wasser ging ihm bis zum – Knie.

Ihr meint, das reimt sich nie?
Da seid ihr halt nicht recht im Bild:
Der Peter stürzt hinein wie wild;
Und als er drei Schritt' weiter war,
Da reimt es sich ganz wunderbar.

Im mittelbadischen Niederalemannisch schrieb der Lehrer, Dichter und Opernsänger *August Ganther* seine Verse, so z. B. das Gedicht:

D'r Minschtrant
Minschtrant isch 's Müllermich'ls Kleiner,
Minschtrant, juchhu, un was für einer!
Er babb'lt si Ladinisch her,
Als ob 'r grad der Pfarrer wär.

Am Sunndig sait d'r Fischervierli:
»Potz Dunnderschlag, du bisch e Röhrli!
Ladinisch schnadersch, 's isch e Staat!
V'rstohsch denn au der welsch Salat?«

»Nei,« sait uf des mi Müllerfritzli,
»Nei, i vrstand kei gottsigs bitzli.
Doch desdrum, denk i, het's kei Not.
Wenn 's numme d'r liab Gott vrstoht.«

»Badisch gelassen«

Von badischer Liberalität

Liberal zu sein, gilt als schick. Liberal wollten die Badener schon vor bald 200 Jahren sein. In gewisser Weise waren Badener sozusagen die Erfinder des deutschen Liberalismus: Haben doch die beiden badischen Politiker und Staatsrechtler *Karl von Rotteck* und *Theodor Welcker* mit dem »*Staatslexikon*« als dessen Herausgeber »die Bibel der deutschen Liberalen« geschaffen. Im Gefolge der französischen Julirevolution von 1830 wurde Baden zu einer Hochburg des Liberalismus. Damals schrieb ein Zeitgenosse über die politische Lage im Land: »Der Landtag ist liberal, der Großherzog ist liberal, selbst die Minister sind liberal; jetzt ist es angenehm, liberal zu sein.« In Freiburg erschien damals die erste völlig zensurfreie Tageszeitung von ganz Deutschland. Sie hieß »Der Freisinnige«. Ein Lied sang man damals landauf landab mit den Versen: »Wohin ich blicke weit umher, / so schön wie hier ist's nirgends mehr. / Hier lebt ein glückliches genannt, / das ganze bad'sche Vaterland!« Mit der Grammatik hapert es ein wenig am Ende der Strophe wie auch sonst bei Badenern, die »der« Butter sagen statt »die« Butter und die den »badischen Akkusativ« verwenden, etwa bei dem Satz »Ich ruf dir an.« oder »Bring der Vater mit!«

Konsensdemokraten

Selbstbewusst halten die Menschen hier zu Lande die »badische Liberalität« für eine typische Eigenart der hiesigen Bevölkerung.

»Wir Badener wären schon recht. Wenn sie alle so wären, gäb's keine anderen!«, lautet ein badischer Leitspruch. Zu dieser Liberalität gehört eine Portion Toleranzbereitschaft sowie die Neigung, den Mittelweg zu wählen, kompromissbereit zu sein, die Extreme zu scheuen. Ganz richtig meinte wohl ein Vertreter der badischen Mehrheitspartei: »Wir von der CDU haben keine Extremitäten.« Im politischen Spektrum waren in Baden Rot und Schwarz schwer zu unterscheiden. Von dem bedeutenden Zentrumspolitiker *Josef Wirth* aus Freiburg sagte man, er sei wie ein Schwarzwälder Schinken: Außen schwarz und innen rot. Hier im Badischen wird es nie ganz so schlimm, wird behauptet. Vielleicht weil die Mehrheit »badisch gelassen« reagiert, wenn es mal brennt. Als im Zuge der Novemberrevolution 1918 der letzte badische Großherzog abdanken musste, bat der Vorsitzende der revolutionären Volksregierung, der Sozialdemokrat *Anton Geiß*, den Landesherrn, mit ihm »wie mit einem Volksmann reden zu dürfen.« Beim Abschied vom Monarchen hatten dieser, seine Gattin und der revolutionäre Sozialdemokrat in gleicher Weise Tränen in den Augen.

Badische Liberalität meint oft auch eine Spur Nachlässigkeit. »Fünfe gerade sein lassen« kann hier zur Devise werden. Man sagte, als Freiburg noch die Hauptstadt von Vorderösterreich war, hier herrsche eine »behagliche Anarchie«. Natürlich mussten die Menschen hier lernen, sich nicht gleich lautstark und mit Waffengeklirr zu wehren. Waren doch die Grenzen eng und die politischen Gebilde viel zu klein, als dass man seine Ziele mit Gewalt hätte erreichen können. Das hat schon der Staatsrechtler *Johann Jakob Moser* im späten 18. Jahrhundert festgestellt. Am liebsten hält man sich im Badischen in der Politik wie im Alltag an Kompromisse. »En bleierner Friede isch besser als en goldene Streit!« lautet eine badische Devise!

Zur Zeit, als Baden die Staatsform einer konstitutionellen, seit 1866 sogar die einer parlamentarischen Monarchie besaß, herrschte eine Art Konsens zwischen Fürst und Volk. Danach erstrebten die politischen Parteien im Land am liebsten eine Konsensdemokratie mit breiten Koalitionen. Im Badischen träumt man gern von einer

Art sozialer und politischer Mittelstandskultur. Mittelständische Unternehmen – andere gibt es im Badischen fast nicht – bauen lieber auf Vertrauen als auf Konkurrenz. Die meisten halten sich an den Grundsatz des Schwaben *Robert Bosch*: »Lieber Geld verlieren als Vertrauen!« Unternehmer und Belegschaften favorisieren die Verständigung auf der Basis langfristigen Vertrauens. Zur Zeit der Monarchie bildeten die (»rechten«) Nationalliberalen hier seit 1905 mit den (»linken«) Sozialdemokraten ein Wahlbündnis. Nach revolutionären Umbrüchen formierte sich 1919 wie 1945 in Baden jeweils eine Allparteienregierung. In neuerer Zeit profilierten sich die badischen bzw. die südwestdeutschen Grünen gern als Realos. Und heute kann der grüne Oberbürgermeister von Freiburg seine Parteifreunde ganz locker mit den Worten charakterisieren: »Sie fühlen sich links, verdienen überdurchschnittlich, sind eigentlich sehr bürgerlich, merken es aber nicht.«

In der Mitte gehen

Zwei Betrunkene schwanken Arm in Arm heimwärts von einem fröhlichen Zechgelage. Sagt der eine zum anderen: »Du, lass mich auch mal in der Mitte gehen!« – So könnte fast ein Motto der politischen Kultur in Baden lauten: »Lasst uns in der Mitte gehen!« So trug der Freiburger Goldgulden schon vor 500 Jahren die Umschrift »In cunctis medium teneto« = In allem die Mitte einhalten!

Vom Rechtsbewusstsein

Vor Gericht

Ein Richter herrscht eine Angeklagte an: »Sie haben ja ein falsches Alter angegeben! Was fällt Ihnen denn ein?« Sie darauf: »O, kein falsches, Herr Richter, nur ein früheres!« Durchaus schlagfertig warnte übrigens ein anderer Richter die Angeklagte, als diese ihr Alter nicht nennen wollte: »Wenn Sie jetzt nicht bald sagen, wie alt Sie sind, lasse ich Sie vom Publikum schätzen!«

»Ich zahl mei Straf«

Eine andere kommt vor Gericht, weil der Waldhüter sie wieder einmal mit einem Bündel Holz aus dem Wald erwischt hat. Der Richter ermahnt sie: »Das ist das letzte Mal, dass wir Gnade vor Recht ergehen lassen. Das nächste Mal kostet's zwanzig Mark Strafe«. Sie darauf: »Nein, nein, Herr Richter. Mir isch's lieber, ich zahl' mei Straf und stehl mei Holz!«

Die tote Sau

Eine Frau, als etwas gewalttätig bekannt, stand vor Gericht, weil sie einem Schwein ihres Nachbarn eins so über den Rüssel gehauen hatte, dass das arme Tier verendet war. Sie sollte dem Richter erklären, wie es zu dem Vorfall gekommen war. Sie versuchte es mit einem Vergleich: »Also Herr Richter, angenommen, Sie wären die Sau gewesen; und angenommen, Herr Richter, in unserem Zaun ist ein Loch, und angenommen, Sie strecken Ihre dreckige Sauschnauze durch das Loch, und – alles angenommen – Sie fressen mir den schönsten Salat im Garten, und ich hau Euch mit meiner Hacke eine auf Euren Rüssel, und angenommenerweise, Herr Richter, Sie falle um und verrecke, was kann ich da mache?«

Dass man in der badischen Justiz durchaus Humor besitzt, bezeugt folgende Geschichte, die in einem hiesigen Wochenblatt zu lesen war. Eine Ortsangabe fehlte zwar, aber das Urteil des Gerichts stand fest:

Kein Doppelbett

Ein Kläger trug vor, im Urlaubshotel habe das gebuchte Doppelzimmer statt eines Doppelbettes nur zwei Einzelbetten gehabt, was »ein friedliches und harmonisches Einschlaf- und Beischlaferlebnis empfindlich beeinträchtigt habe.« Das Gericht wies die Klage zurück mit der Begründung, ein Doppelbett sei für einen Beischlaf von durchschnittlichen Reisenden nicht unerlässlich; es seien dem Gericht mehrere, allgemein bekannte und übliche Variationen des Beischlafs bekannt, die auf einem einzelnen Bett ausgeübt werden können, und zwar durchaus zur Zufriedenheit der Beteiligten. Im Übrigen wäre der Mangel mit wenigen Handgriffen selbst zu beseitigen gewesen. Es hätte in der Tat ja wirklich nur weniger Handgriffe bedurft, die beiden Metallrahmen der Betten durch eine feste Schnur miteinander zu verbinden. »Bis zur Beschaffung einer solchen Schnur hätte sich der Kläger beispielsweise seines Hosengürtels bedienen können, denn dieser würde in seiner ursprünglichen Funktion in dem Augenblick sicher nicht benötigt.«

Der Rechtsstaat ließ (und lässt?) den Leuten in Baden wohl ihren Spielraum. Man hat hier zu Lande wohl begriffen, was die Römer mit der Warnung meinten: »summum jus summa injuria« (= das strengste Recht ist das größte Unrecht).

»Uffg'heert hawwisch net«

Der Blumenpeter ging nachts auf dem Heimweg über die Neckarbrücke, als ihn plötzlich ein menschliches Rühren ankam. Weil weit und breit niemand zu sehen war, zog er die Hose runter, setzte sich auf's Brückengeländer und begann, sein »G'schäftle« zu machen. Aber kaum saß er oben, tauchte ein Schutzmann auf und rief: »Halt, höre Sie auf! Komme Sie sofort runter! Sonst gibt's 'nen Strafzettel!« Als Peter die Geschichte seinem Freund erzählte und der ihn fragte: »Was hosch'n dann gemacht?«, entgegnete er ihm trocken: »Ha, runnergschbrunge binnich, die Hos nuffgezooche hawwisch – awwer uffg'heert hawwisch net!«

Verunreinigung streng verboten!

Ein andermal musste Peter sein Bläsle leeren und erledigte das an einem Bretterzaun vor einer Baustelle. Doch da kam gerade ein Schutzmann vorbei und pfiff ihn an: »Können Sie denn nicht lesen, was auf dem Schild da oben am Zaun steht: »Verunreinigung streng verboten!« »Ha doch, du Simbl«, beruhigte ihn Peter, ohne sich stören zu lassen, »du brauchscht käh Angscht zu hawwe, so hoch kumm isch net nuff!«

Seine Majestät der Großherzog

Anfangs bestand der spätere badische Staat erst aus einem kleinen Territorium, den badischen Markgrafschaften, deren Gebiete um Karlsruhe, Rastatt, Lörrach und Emmendingen lagen. Was heute zu Baden zählt, bildete erst seit 1806 einen richtigen Staat, das Großherzogtum Baden. 1918/19 wurde Baden zur Republik, die im »Dritten Reich« praktisch unterging und nach 1945 für kurze Zeit – als »Pays Bade« auf Südbaden und Teile Mittelbadens beschränkt – noch einmal wiederbelebt wurde. Doch 1952 ging das Land in der größeren politischen Einheit des Landes Baden-Württemberg auf. Dass Baden 1806 überhaupt aus einer kleinen Markgrafschaft zu einem nicht unbedeutenden Staat an Fläche vervierfacht, an Bevölkerung fast versechsfacht wurde, das hatte der Landesherr dem großen Napoleon zu verdanken – und seiner eigenen Schwiegertochter Amalie, die ihre fünf Töchter durch Heirat auf einflussreiche Fürstensitze hievte, weshalb man sie auch »die Schwiegermutter Europas« nannte. Die eine ihrer Töchter wurde russische Zarin, und deren Mann, Zar Alexander, sorgte dafür, dass sich Baden »vom See bis an des Maines Strand« ausdehnen konnte. Gerne sang man ihm: »Hoch lebe Kaiser Alexander, Du unser bester Anverwandter!« Vergeblich hatten die Württemberger die Arme schon besitzergreifend über den halben Schwarzwald ausgestreckt, St. Peter, St. Blasien und Säckingen besetzt. Vergeblich verlangten auch die Bayern die ganze Kurpfalz zurück, deren rechtsrheinische Teile Baden doch als fetteste Beute von Napoleon bekommen hatte. Alexander und Napoleon sicherten Baden seinen Besitz. Napoleons Adoptivtochter Stephanie wurde sogar badische Kronprinzessin und bald Großherzogin im Land, und dieses Land hat seine Position im 19. Jahrhundert ganz gut zu behaupten verstanden. Gern haben die Badener ihre Liberalität (oder darf man sagen, ihr demokratisches Bewusstsein, ihren »Bürgersinn«?) im Umgang mit Seiner Königlichen Hoheit dem Großherzog und seiner Gemahlin zur Schau gestellt.

Besonders viele Geschichten gibt es aus den Zeiten des liberalen *Großherzogs Friedrich I.* (1856-1907) und seiner Gemahlin *Luise*. Der Verehrung für den Landesvater tat die liberale Gesinnung keinen Abbruch. So verstieg sich ein Versemacher 1892 auf die folgenden Worte eines Gebetes:

> Ein heißes Flehn steigt, Gott, zu dir
> von Badens wackrem Volk empor.
> Dem Großherzog, des Landes Zier,
> neig gnädig für und für dein Ohr!

Ortsbereisung

Kam der hohe Herr zur Visitation einer Gemeinde. Wie so üblich hatte er sich erheblich verspätet. Als er endlich eintraf, gab ihm der Bürgermeister die Hand, steckte seine Uhr ins Westentäschle zurück und sagte nur: »Spoot, Spoot, Herr Großherzog!« (Nach anderer Version: »Ihr kchömmet bigott aber spoot!«) Die Geschichte ist durchaus authentisch. Sie passierte in einem Dorf im Hotzenwald, wo sich noch heute die sogenannten »Salpeterer« darauf berufen, Nachfahren einer bäuerlichen Widerstands- und Freiheitsbewegung zu sein, die es tatsächlich im 18. Jahrhundert gewagt hatte, der mächtigen Abtei St. Blasien und sogar der Regierung in Wien die Stirn zu bieten.

Er braucht keinen Trieler

Ein andermal war das hohe Paar zum Mittagessen im Haus des Bürgermeisters gebeten. »Hocket ab, Majestät!«, lud der Hausherr die Gäste ein. Es war vornehm gedeckt. Aber nur dem Gästepaar hatte die Frau Bürgermeister Servietten zum Gedeck gelegt. Großherzogin Luise machte sie darauf aufmerksam, denn sie meinte, es handle sich um ein Versehen. Doch die Frau Bürgermeister entgegnete: »Nein, nein; mein Mann braucht keinen Trieler (= Latz) mehr, dem han ich 's Triele scho lang abg'wöhnt.«

Vom Besten?

Der Großherzog lobt den Wein über die Maßen und meint: »Da habt Ihr aber den besten Tropfen kredenzt, der hier wächst!« Der Bürgermeister aber winkt ab und gesteht ganz ehrlich: »O Majestät, mir hont no viel bessere im Keller!«

Ein Glas Milch

Die Großherzogin Luise, als Preußin dem Wein abhold, möchte im Gasthaus lieber ein Glas Milch statt des angebotenen Viertel Wein. Der Wirt gerät in Verlegenheit und ruft schließlich der Magd: »Hän Ihr no e Glas Milch übrig für die Frau Großherzogin – oder hen d'Süüli (= die Schweinchen) scho alles gsoffe?«

Auf der Kirmes

Bei der Kirmes steht am Tag, als der Großherzog beerdigt wird, das damals noch handbetriebene Karussell samt der Drehorgel still. Ein Besucher, der nach dem Grund fragt, bekommt die Erklärung: »Wissen Sie denn nicht, der Großherzog ist doch gestorben.« Darauf der Mann: »Ja, hän Ihr denn kein andere zum Drülle (= zum Drehen)?«

Vor Obrigkeiten und Honoratioren

»Gleich wieder einer«

Da wurde die kleine Stichbahn von Baden-Baden nach Baden-Oos eingeweiht. Der zuständige Minister ließ es sich nicht nehmen, die Strecke persönlich freizugeben. Doch viel zu viele Leute drängten in den ersten Zug, denn die ersten Fahrten kosteten nichts. Der Minister hielt die Menge zurück und bat sie zu warten mit den Worten: »Ich lasse ja gleich wieder einen fahren!«

Der kleine Wohleb

Der (süd-)badische Staatspräsident *Leo Wohleb* war ausgesprochen klein von Wuchs. Man erzählte sich zur Zeit seiner Regierung (1946-1951) ziemlich respektlos folgende Geschichte: Er war an einem Regentag mit seiner Frau in einem Freiburger Lokal eingekehrt, um zu Abend zu essen. Nach dem Essen bezahlte Wohleb, und die beiden verließen die Wirtschaft. Kurz danach kam Frau Wohleb zurück und fragte den Kellner: »Hab ich vielleicht meinen Knirps da gelassen?« Der aber wehrte ab: »Aber nein, der Herr Staatspräsident ist mit Ihnen schon hinaus gegangen!«

Der Lehrer und der Regierungsrat

Kam ein Regierungsschulrat in ein südbadisches Dorf, setzte sich zu den Einheimischen an den Stammtisch, um »des Volkes Stimme« über die Schule am Ort zu hören. Was ihm einer der Stammtischbrüder erzählte, lautet in Versform:

Mir händ en dicke Lehrer g'ha,
En Ranze hät dä g'ha, vom Bier:
En Ranze, Herr Regierungsrat,
En größ're no als Ihr!

Wohin Sie wollen

Horst Ehmke war Professor an der Freiburger Universität, bevor er Kanzleramtsminister in Bonn wurde. Aus badischer Sicht fehlte es ihm ein wenig an Bescheidenheit. So erzählte man sich hier: Der Chauffeur fragte den Minister, wohin er ihn fahren müsse, worauf dieser antwortete: »Fahren Sie hin, wohin Sie wollen. Ich werde überall gebraucht!«

Der Dorfschultheiß

Die Leute haben auch vor dem Bürgermeister, dem Schultis, keinen allzu zu großen Respekt. Trifft einer den Dorfschultheißen am Vormittag auf der Straße und fragt ihn: »So, schaffsch wieder öbbis, oder hocksch immer no uf em Rothus?«

Gemeindestatistik

Dass man dem Amtsträger nicht zu viel zutraute, zeigen folgende Geschichten: Bei der Jahresstatistik meldete eine Gemeinde auf die Frage nach den Todesfällen: »Im letzten Jahr sind 12 verstorben. Von ihnen hat sich einer aufgehängt und starb eines natürlichen Todes. Alle andern waren in ärztlicher Behandlung.«

Die Zahl der Geburten betreffend meldete ein Schultheiß: »Wir hatten im vergangenen Jahr 13 Geburten; zwei eheliche und 11 uneheliche«. Als das Bezirksamt die Angaben anzweifelte und zurück fragte, ob das stimme, korrigierte der Schultis: »Nein, es war umgekehrt: 11 eheliche und 2 uneheliche, und den Bock dabei hat der Ratsschreiber gemacht!«

Rattengift geben

Kommt eine ältere Frau aufs Rathaus und berichtet erregt: »Denket Sie, Herr Burgermeischter, bei mir im Keller hät's Ratte. Hän Sie nit öbbis dagege?« Der Bürgermeister berät sich mit dem Ratsschreiber und ermächtigt ihn schließlich: »Also, die Frau isch ehrlich und unbescholte; der kann mer ruhig Rattegift gebe.«

Von den Problemen der Amtsführung handeln auch manche Mundartgedichte. So zum Beispiel eines von dem Freiburger Landgerichtsrat *Hans Martin Grüninger* aus der Zeit vor gut 100 Jahren:

Der Bericht

De Schultis hockt am Rothustisch
und schnuft und schnappet wie en Fisch.
Er hät sechs Böge scho Papier verrisse:
Die Herre uf em Amt, die wönd au alles wisse!...
Doch würd er fertig spoot am Tag;
Jetzt fluecht er »Blitz und Dunderschlag!
No mol e Frog: Das Klima? – o die Herre!
I würf no d'Federe mitsamt mim Ämtli here.«
Und wil er's halt nit besser weiß,
Bericht' er: »Klima hämmer kei's!«

Von dem aus dem Mittelbadischen stammenden Freiburger Lehrer, Poeten und Opernsänger *August Ganther* lautet ein Gedicht:

Frog un Antwort

Vom Amt en Brief. D'r Amtma frogt, d'r jung:
Wovon ernährt sich die Bevölkerung?
D'r Schulz schriebt z'ruck: So wie'n i's lang scho kenn,
isch's allwiel noch: Sie esse, was sie hen.

Der 1934 in Pforzheim verstorbene Heimatdichter *Fritz Höhn* schrieb in der rheinfränkischen Mundart. Eines seiner Gedichte lautet:

Mer derf's net sage

In Pforze brülld d'r Amtmann rum
Unn weddert unn dut fluche,
Die Zinzlerei vertreib i' euch!
Heut werr is unnersuche!
Des isch jo, bei Gott, nemme schö';
Faschd jede Woch dut's brenne!
Sie, Bürgermeischder, himmelsaß,
Dun Sie den Tropf net kenne? –
Der hat blos mit de Achsle zuckt
Unn sagt, ihm sei's e Rätsel,
Unn 's Gleiche hat der Baumwirt g'sagt,
Sei' guter Freund, sei' Spezel. –
Jetzt kommt d'r Polizischt an d'Reih: -
»Sie müsse ebbes wisse!
Sie wisses, wer des a'zünd hat.
Hent ihr dann gar kei' G'wisse?«
D'r Polizischt guckt knitz unn schlau
Unn blinzeld ganz verschlage –
»Mir wisses gut, wer 's a'zünd hat;
Awer, - m'r derf's net sage!«

Fritz Höhn ließ keinen Zweifel daran, dass seine Geschichten wirklich passiert seien, nach dem Motto: »In Pforze komme Sächle vor, wo d' gar net glaubsch, und senn doch wohr!«

Freisinnig und kompromissbereit

Lachen befreit. Humor entspannt. Es ist ein Vorrecht der Götter und der Menschen, lachen zu können. So schrieb – sinngemäß – *Hermann Broch* im »Tod des Vergil« einmal. Und er meinte: »Es stammt das Lachen aus dem Wissen um die Ungöttlichkeit der Götter«, das heißt: Auch in den idealsten Gestalten bleibt genug Unzulängliches. Wer sich des Unzulänglichen bewusst bleibt, der kann mit Humor das Leben nehmen, wie es ist, und über Menschliches, ja allzu Menschliches herzlich schmunzeln oder lachen! Auch im Pech wird er ein wenig Gutes finden. Das macht den Humor so heilsam. Humor ist aber auch ein Indiz für den Charakter, der einem Menschen oder einem Menschenschlag eigen ist. Die Beispiele für die badische Liberalität oder Lässigkeit waren solche Indizien, die – wie wir meinen – landestypische Wesensmerkmale erkennen lassen: Die Neigung, sich mit den Verhältnissen zu arrangieren, Kompromisse (zuweilen auch ganz faule) dem offenen Streit vorzuziehen, politisch zur Mitte zu tendieren, zugleich freisinnig und kompromissbereit zu bleiben.

Bürgerstolz

Das spätere Baden war schon im Spätmittelalter eine städtereiche Region. »Stadtluft macht frei«: Darauf waren die Bürger stolz. Freiburg, so deutete man kühn (wenn auch irrtümlich) den Namen der Breisgaumetropole, bezeichne die Siedlung freier Bürger. Die Bürger der alten Reichsstadt Breisach zeigten ihr freiheitliches Bewusstsein, indem sie den Landvogt Peter von Hagenbach, der die Stadt arg bedrückt hatte, 1474 einfach gefangen nahmen und vom Scharfrichter zu Tode bringen ließen. Die Stadtbürger von

Waldshut und von Bretten leisteten gegen die Belagerung durch ihre Gegner – hier die Eidgenossen, dort die Württemberger – nicht nur hartnäckigen Widerstand; sie foppten die Belagerer noch, indem sie trotz der knappen Versorgungslage in der eingekreisten Stadt ein Tier mästeten (in Waldshut einen Ziegenbock, in Bretten ein Hündlein) und es vor die Mauern jagten, um ihren ungebrochenen Verteidigungswillen zu demonstrieren. In beiden Städten wird die Erinnerung an diese – höchst legendäre – Geschichte bis heute alljährlich mit einem freiheitsstolzen Bürgerfest gefeiert.

Republikanische Gesinnung

Im März 1848 ging die Initiative zur bürgerlichen Revolution von Baden aus. Man sang z. B. im Hotzenwald in einer Versammlung:

> …Drum hönt mer denkt, das einzig Glück
> für's Volch sei i de Republik!
> Ihr Manne alli do am Tisch,
> ihr wäret wüsse, was des isch.
> Do brucht mer keini Fürste meh,
> der Dienst chönnt jeder Bur verseh.
> ...Das Volch macht ganz allei si Gsetz,
> wo's nit so isch, do goht es letz.

Als allerdings der Großherzog die »Märzforderungen« des liberalen badischen Landtags alle akzeptierte, suchten die gemäßigten Liberalen mit überwältigender Mehrheit die Verständigung mit dem Landesvater.

Regimekritik auch im »Dritten Reich«

Fritz Heidegger, der Bruder des berühmten Philosophen *Martin Heidegger*, trat in seiner Heimatstadt Messkirch regelmäßig an Fasnacht ans Rednerpult mit pfiffigen regimekritischen Beiträgen, auch zur Zeit der NS-Herschaft. So reimte er auf die Verse eines

NS-Liedes »Lasst wehen die Fahnen, lasst flattern die Wimpel«: »Und wer's nicht glaubt, ist auch kein Simpel!«

»Freiheit, die ich meine«

Irgendwie passt es auch zur badischen Art, dass hier die erste großangelegte erfolgreiche Bürgerrechtsbewegung in Deutschland entstand mit Mitgliedern aus allen Schichten und Gruppen. Sie sammelten sich zu einem ökologisch begründeten Widerstand gegen die staatliche Obrigkeit. Es war Mitte der 1970er Jahre, als in Wyhl am Kaiserstuhl ein Atomkraftwerk gebaut werden sollte. Man sang mit geradezu heroischem Pathos im Feldlager der Protestbewegung:

> Freiheit, die ich meine,
> die mein Herz erfüllt,
> am Kaiserstuhl am Rheine
> unsre Hoffnung stillt.
> In Freiheit woll'n wir leben,
> freie Alemannen sein.
> Freiheit für den Kaiserstuhl:
> Kein Kernkraftwerk am Rhein!

Die Bewegung kam gewaltfrei zum Erfolg, weil die Regierung dem Widerstand gegen das Kernkraftwerk am Rhein nachgab und sich – aus Gründen politischer Vernunft – zum Bauverzicht entschloss. Vielleicht handeln Politiker im Badischen besonders gern nach einer alten Pfälzer Lebensregel: »Man kann viel dun, aber noch mehr losse!«

Offenbar haben die Leute hier im deutschen Südwesten gelernt, »nicht mit dem Kopf durch die Wand zu wollen.« So beschrieb einmal der badische Staatspräsident Leo Wohleb die politische Grundhaltung im Land. Maß zu halten gilt als eine badische Devise sogar beim Genießen. So lautet ein Grundsatz der Weinkenner im Land: »Süerpfle muesch, nit Suufe!« Statt »Süerpflen« kann es auch »Schlotzen« heißen. Man weiß natürlich, was man an dem edelsten

Produkt des Landes hat, am badischen Wein, »von der Sonne verwöhnt«. Wobei zu hoffen bleibt, dass der Slogan auch stimmt: »Wo Sonne drauf steht, ist auch Sonne drin!«

Demokratische Früherziehung

Dass in Baden auch Kinder schon imstande sind, ihren Standpunkt zu vertreten, bezeugen manche Geschichten aus einem alten Büchlein von Johann Jakob Mir mit dem Titel »O letz! Gereimtes und Ungereimtes aus dem Volksmund«, so die folgende:
Die ABC-Schützen wurden in einem nordbadischen Dorf am ersten Schultag in ihr Klassenzimmer geführt und nahmen Bank für Bank ihre Plätze ein. Der Lehrer (Lehrerinnen gab es damals vor rund 100 Jahren in der Volksschule noch kaum) trug ihre Namen einen nach dem andern in die Klassenliste ein. Am zweiten Schultag saßen die Kinder auf den gleichen Plätzen, und der Lehrer fragte den Vordersten »Wie heißt du?« Worauf der ganz keck antwortete: »Gestern han ich der's g'seet.«

»Die Verhältnisse sind eng …«

»…und die Menschen sind halt danach«, urteilte *Karl Bittmann*, ein bedeutender badischer Beamter über Baden und die Badener gegen Ende des 19. Jahrhunderts in Karlsruhe. Aber deshalb wird in Baden nicht kapituliert. Ganz optimistisch forderten die »Radikalen« in Freiburg im Zuge der 1968er Bewegung: »Wir stehen unmittelbar vor dem Abgrund. Lasst uns mutig einen Schritt nach vorne gehen!« Man wird ein wenig bezweifeln dürfen, ob das noch dem heimischen Grundsatz entsprach: »Erst denken, dann reden!« Jedenfalls schrieb *Josef Bader*, ein badischer Landeshistoriker, bereits 1864 von seinen Landsleuten, sie seien »vorherrschend gescheit, mehr denkend als sprechend.« Vom baden-württembergischen Ministerpräsidenten *Gebhard Müller* wird erzählt, er habe auf der Regierungsbank gelegentlich so gewirkt, als sei er eingeschlummert, habe sich aber gegen den Vorwurf entschieden gewehrt: »Ich schlafe nicht, ich sinniere!«

»Darf's was Religiöses sein?«

Frömmigkeit auf badische Art

Humor hat seinen Sitz tief im Innern der Menschen. Er ist als eine Form der Geisteshaltung geprägt von dem, wie wir die Welt erlebt und erfahren, gefühlt und empfunden haben. Bei dieser Prägung spielten in der Vergangenheit Religion und Kirche eine bedeutende Rolle. Ihre Bedeutung hat in unserer Zeit entschieden abgenommen, war aber für frühere Generationen um so größer. Das spiegelt sich auch im badischen Humor. Während in der schwäbischen Mentalität viel vom gottesfürchtigen Pietismus verinnerlicht wurde, sind die religiösen Züge im Badischen weniger einheitlich. Von den zwei badischen Markgrafschaften war die eine lutherisch, die andere katholisch. Die Kurpfalz war konfessionell gemischt, teils reformiert, teils rekatholisiert. Vorderösterreich schließlich und die geistlichen Gebiete, die dem Großherzogtum Baden einverleibt wurden, waren katholisch. Für das 19. Jahrhundert blieb die gemischt-konfessionelle Zusammensetzung der badischen Bevölkerung weitgehend gleich: Rund zwei Drittel waren katholisch, knapp ein Drittel evangelisch, und gut 1 Prozent waren Juden.

Von der Geistlichkeit

Die Katholiken seien (oder waren), so heißt es, ein wenig leichtlebiger als die Protestanten. Katholisch sei besser zu leben, evangelisch besser zu sterben, sagte man früher. Und im katholisch dominierten Baden gehe es auf einer Beerdigung noch immer lustiger zu als im protestantisch geprägten Alt-Württemberg an Fasnacht. So behauptet man jedenfalls hier zu Lande. Lange Zeit galt der katholische Klerus im Badischen als überwiegend liberal und aufgeklärt. Seine Leit- und Lichtgestalt war der reformfreudige Ignaz Heinrich von Wessenberg, der das Bistum Konstanz bis zu seiner Auflösung 1821/27 geführt hatte. Diese Tradition spiegelt sich in manchen Geschichten aus dem religiösen Leben.

Von *Heinrich Hansjakob*, dem bekannten Volksschriftsteller und Pfarrer (gest. 1916), wird erzählt, er habe seine Briefe an das Erzbischöfliche Ordinariat meist an das Erzbischöfliche Ordinarriat (mit zwei »r«) adressiert. Kamen sie zurück, schrieb er an das Erzbischäfliche Ordinariat oder auch an die Erzbischöfliche Kuhrie (Ku mit »h«) oder schließlich an das Erzbischöfliche Dummkapitel.

Hansjakob galt als rabenschwarz und erzliberal zugleich. Die sprichwörtliche badische Liberalität ließ keinen übermäßigen Respekt vor den Autoritäten zu, auch nicht vor denen der Kirche.

Glockenweihe

Aus einem Schulaufsatz: Unsere Kirche bekam ein neues Geläute. Alle Leute hatten sich auf dem Kirchplatz versammelt. Drei neue Glocken waren vor dem Kirchturm aufgestellt. Dann hielt der Bürgermeister eine Ansprache, der Lehrer stimmte ein Lied an und der Pfarrer segnete die drei Glocken. Danach wurden alle drei aufgehängt, und seitdem ist es in unserem Dorf viel schöner.

Geistliche Herren gelten beim katholischen Volk an sich als Respektspersonen. Kinder hatten den Pfarrer noch bis tief ins 20. Jahrhundert auf der Straße mit einem Knicks und dem Spruch »Gelobt sei Jesus Christus« zu grüßen. Aber das hielt die Leute nicht davon ab, freimütig vom Pfarrer so zu reden, wie sie ihn sahen.

»Und mit deinem Geiste«

Vom neuen Pfarrer heißt es in einer Gemeinde, er sei wie der liebe Gott, die Woche über unsichtbar und bei der Sonntagspredigt unbegreiflich. Beim ersten Gottesdienst greift der Neue am Altar zum

Mikrophon, um die Gläubigen mit dem liturgischen Gruß »Der Herr sei mit Euch« zu begrüßen. Aber das Mikrophon ist nicht in Betrieb. Er fummelt daran herum und ruft schließlich laut zur Gemeinde: »Mit eurem Mikro stimmt etwas nicht.« Worauf diese dem liturgischen Text entsprechend unisono antwortet: »Und mit deinem Geiste.«

Wäre nicht nötig gewesen

Im Dorf war es üblich, wenn auf einem Hof ein Schwein geschlachtet wurde, etwas von der Metzelsuppe und dergleichen ins Pfarrhaus zu bringen. So brachte ein Bub dem Pfarrer einen ganzen Korb voller Sachen vom Schlachtfest, Suppe und Fleisch, Blut- und Leberwurst und noch zwei Bratwürstle dazu. Der geistliche Herr bedankte sich und meinte angesichts der üppigen Sendung: »Aber so viel wäre wirklich nicht nötig gewesen.« Worauf der Bub gestand: »Das hat der Vater auch gemeint, als er sah, was die Mutter alles eingepackt hat.«

Einen Pfarrer machen

Der Pfarrer kommt am Kinderspielplatz vorbei. Er schaut den Kleinen zu, wie sie aus dem Sand Häusle zusammenbacken und eine Kirche mit Turm. Hoch erfreut lobt er die Kinder: »So, das ist aber schön, dass ihr so eine große Kirche macht!« Ein kleines Mädle ruft zur Antwort: »Ja, und wenn der Dreck langt, machen wir auch noch einen Pfarrer dazu.«

»Fahre mit Gott«

Zwei Polizisten stoppen in der Freiburger Herrenstraße (die früher Pfaffengasse hieß) einen Radfahrer, der in stockdunkler Nacht ohne Licht durch die Straße fährt. Als er anhält, erkennen sie den Weihbischof an seiner Soutane und erklären ihm: »Wir müssen Sie leider mit einem Bußgeld verwarnen. Es ist viel zu gefährlich, bei Nacht ohne Licht zu fahren.« Der Geistliche Herr will sie beruhigen: »Keine Angst. Ich fahre mit Gott.« Darauf einer der Polizisten:

»Auch noch zu zweit auf dem Fahrrad! Dann kostet's gleich das Doppelte!«

Wer weiß übrigens, weshalb die katholischen Geistlichen nicht heiraten dürfen? Antwort: »Damit sie sich nicht so schnell vermehren!« Für so einen jungen, natürlich unverheirateten Vikar konnte die Pfarrjugend, vor allem die weibliche, da und dort ganz schön schwärmen. Wurde er dann versetzt, gab es häufig Tränen. Zum Trost meinte ein solcher Vikar zu den Mädchen: »Ihr müsst nicht traurig sein. Es kommt wieder ein Lediger!«

Als Hausdiener beim Papst

Papst Pius XII., der als Nuntius Eugenio Pacelli unser Land bereiste, hatte dabei die Zuverlässigkeit der Schwarzwälder kennen gelernt und ernannte nach seiner Wahl zum Oberhaupt der Kirche einen jungen Mann aus dem Schwarzwald zum persönlichen Diener. Der sollte ihn jeden Morgen pünktlich um 6 Uhr wecken. Er tat das entsprechend, klopfte an die Tür des Schlafzimmers von Pius XII. und rief: »Sechse isch's, Zeit zum Aufstehen!« Der ziemlich eitle Pius XII. rief zurück: »Schon gut, mein Sohn, unser himmlischer Vater und ich wissen es schon.« Beim nächsten Mal machte es der Diener höflicher: »Eure Heiligkeit, es ist sechs Uhr und Ihr solltet bitte aufstehen.« Der antwortete wiederum hochmütig: »Mein lieber Sohn, unser himmlischer Vater und unsere Wenigkeit, wir wissen es schon.« Schließlich dachte der Schwarzwälder: »Dich kriege ich dran.« Wieder weckte er den Papst und rief durch die Tür: »Eure Heiligkeit, es ist sechs Uhr, Zeit zum Aufstehen. Es ist herrliches Wetter und die goldene Sonne lacht über dem ewigen Rom.« Worauf der Papst wieder zurück rief: »O mein Sohn, unser himmlischer Vater und ich, wir wissen es schon.« Darauf der Alemanne: »En Schissdreck wisset Ihr, alle beide. Neune isch's und es regnet, was ra kann.«

Man muss eingestehen, dass man hier zu Lande solche Geschichten schon mal relativieren muss mit der Einschränkung: »Auch wenn es nicht ganz wahr ist, so ist es doch lehrreich.« Im

Übrigen ist es offenkundig so, dass die gleiche Geschichte auch von einem Schwaben erzählt wird: Es handelt sich wohl um eines der vielen »Importgüter« im badischen Humor.

Vom Beichten

Von der Frömmigkeit der badischen Katholiken gilt als gewiss: Bigotte Leute findet man hier selten. Auch die Moral bildete kein ehernes Gesetz. Viele Geschichten handeln vom Beichten wie die folgenden:

»Mir geht's ja nit um's Geld«

Da bekannte ein Mädchen dem Beichtvater ihre wiederholten Fehltritte, heute würde man vielleicht sagen, ihre erotischen Abenteuer. Der Pfarrer redete ihr ins Gewissen und fragte sie: »Weißt du denn, was du für so viele Sünden verdienen tätest?« Sie darauf: »Ja Herr Pfarrer, so ungefähr schon, aber wissen Sie, mir geht's ja nit um's Geld.«

Der Wilderer im Beichtstuhl

Als es noch mehr Geistliche gab und neben dem Pfarrer auch der Vikar am Samstag im Beichtstuhl saß, kam einer zum Vikar und bekannte: »Ich habe letzte Woche wieder mal gewildert und einen Bock geschossen. Was krieg ich jetzt für eine Buße?« Der Vikar überlegte lange und wusste keinen Rat. Schließlich ging er zum Pfarrer in den Beichtstuhl nebenan und fragte ihn: »Da beichtet einer, er habe gewildert und einen Bock geschossen. Was soll ich dem denn jetzt geben?« Der Pfarrer meinte: »Höchstens drei Mark für's Kilo!«

Der Schwerhörige

In einer Kirche sitzt in einem der beiden Beichtstühle regelmäßig, wie die Leute wissen, ein schwerhöriger Geistlicher. Zu ihm kommt ein ganz schlauer »Sünder« und beginnt sein Bekenntnis mit halblauter Stimme: »Taramtatam, taramtatam«. Darauf ertönt es von innen: »Tirimtiti, tirimtiti, der Taube sitzt heut vis-a-vis!«

Vor der Beichte

In der Schule fragt der Pfarrer im Beichtunterricht: »Was muss man als erstes tun, damit einem die Sünden vergeben werden?« Einer ruft: »Zuerst muss man sündigen, Herr Pfarrer.«

Auch die folgende Geschichte könnte man unter der Rubrik »Beichten« unterbringen:

»Das müsset Sie aber beichte!«

Kommt der Arzt zu einer alten Bäuerin im Schwarzwald zum Hausbesuch auf den Hof. Nach der Untersuchung gibt er ihr eine Spritze ins Gesäß, das er zuvor ein wenig entblößt hat. Die Patientin ist empört und schimpft: »Sie Saukerle, Herr Dokter, das müsset Sie aber beichte!«

In Maßen fromm

Wie viele Gott es gibt

Da kam ein Hausierer mit Herrgottsfiguren auf den Bauernhof. Es war schon spät, und er bat um ein Nachtquartier. Die Bäuerin erklärte ihm, im Haus sei zwar kein Platz, aber er könne auf dem Heu übernachten. Der Hausierer machte es sich bequem, nahm eine seiner Packtaschen als Kopfkissen, nachdem er die Figuren daraus neben sich aufs Heu gelegt hatte. Am andern Morgen hatte der Bub der Bauersleute im Stall zu helfen und zog mit dem Rechen Heu vom Heustock. Dabei rutschten 3 große und 5 kleine der geschnitzten Figuren herunter. Der Bub machte eine Kuhle im Heu und legte die Figuren hinein. Danach musste er in die Schule. In der Religionsstunde fragte der Pfarrer die Klasse, wie viele Gott es für uns Christen eigentlich gebe. Der Bub meldete sich und berichtete:

»Ich hab sie gefunden: Es sind 3 alte und 5 junge, und in unserem Heustock haben sie ihr Nest!«

»Darf's was Religiöses sein?«

Eine Dame suchte in der Buchhandlung nach einem Buchgeschenk für ihre Mutter, die nach einer Operation im Krankenhaus lag. Die Buchhändlerin kannte die badische Redensart »Im Alter kommt der Psalter!« und fragte: »Darf's vielleicht was Religiöses sein?« Da wehrte die Kundin schnell ab: »Nein, nein; es geht meiner Mutter schon wieder besser.«

Wozu in d'Kirch?

Ein Ehepaar kommt vom Sonntagsgottesdienst nach Hause. Die Frau fragt ihren Mann: »Du, hesch au gseh, was die Rosi vom hintere Tal für e gruusige Frisur het? Und dann die Vreni vom Schniedersepp, die het en schäbige Mantel a gha. So ebbis wüeschts! Hesch es au gseh?« Der Mann wimmelt ab: »Nai, i ha nüt g'seh, weil i han gschlofe.« »Ha du bisch en Kerli«, schimpft ihn die Frau: »Wozu gohsch du denn überhaupt in d'Kirch'?«

Ein Rädle Wurst

Meint die Verkäuferin in der Metzgerei zu einem Bub, der schon am Freitag das Fleisch für den Sonntagsbraten einkaufen musste: »Ich möcht dir ja gern ein Rädle Wurst geben, aber es ist heute Freitag!« Er meint: »Ach was, her mit dem Rädle. Ich kann's ja beichten.«

Am falschen Grab

Widerwillig ließ sich ein Bauer von seiner Frau an Allerheiligen zum Gräberbesuch auf dem Friedhof drängen. Man wollte dem Grab einer jüngst verstorbenen Tante die Ehre erweisen. Ziemlich verdrossen trottete der Mann hinter der Frau her, bis diese an einem neuen Grab (noch ohne Kreuz oder Grabstein) stehen blieb. Auch er blieb stehen, ohne aufzublicken. Nach einiger Zeit schaute er auf und sah die Verwandten zwei Reihen weiter an einem anderen

Grab stehen. Nun begriff er den Irrtum und polterte los: »O Weib! Jetzt sind drei Vaterunser am Arsch. Wir sind am falschen Grab gestanden.«

Aschermittwoch

Die Kirche war ungewöhnlich voll, und der Pfarrer bat den Mesner, bei der Austeilung des Aschekreuzes mitzuhelfen. Er instruierte ihn, was er zu sagen habe: »O Mensch, aus Staub bist du und zum Staube kehrst du wieder zurück!« Die Zeremonie rückte näher, da wurde der Mesner nervös und wusste den Spruch nicht mehr richtig. Also bat er den Pfarrer, ihm den Text nochmals zu sagen. Der ärgerte sich und antwortete ziemlich unwillig: »O Kerle, du bisch halt en Simpel und bliebsch en Simpel. Jetzt fang halt an.« Der Pfarrer ging auf die Frauenseite, der Mesner auf die Männerseite. Dort gab er jedem eine Prise Asche auf die Stirn und sagte seinen Spruch: »O Kerle, du bisch halt en Simpel und bliebsch en Simpel.« Nach dem Gottesdienst hörte der Pfarrer, wie die Männer draußen heftig diskutierten und einer schimpfte: »Also, was der Mesner da gesagt hat, wenn ich ja nicht gewusst hätte, dass es was Lateinisches ist, hätte ich ihm eine geschmiert!«

Zuweilen pflegt man im Badischen auch mit dem lieben Gott einen ganz lockeren Umgang. Das gehört wohl zu jener Geisteshaltung, aus der im Bewusstsein der »Ungöttlichkeit der Götter« der Humor erwachsen kann.

Vom Herrgöttle

Da stand ein Schwarzwälder Bauer nach dem Jahrhundertsturm »Lothar« an einem Feldkreuz vor seinem vom Sturm verwüsteten Wald und meinte: »Gell, do glotsch (= Da staunst du), Herrgöttle, was du in den letschte Däg häsch alles verrecke lo!« Und ein anderer hatte sein Heu auf dem Schlitten zu Tal bringen wollen, aber der Schlitten kippte zweimal um. Da band er ein Kruzifix oben drauf und ermahnte den Heiland: »So jetzt halt dich fest, Herrgöttle, sonst kommst auch du unter den Schlitten!«

Was ischt ein Grischt?

Die Antwort eines Schülers im Religionsunterricht auf die Frage: »Was ischt ein Grischt?«: »Das sind zwei Leitern und ein Brett darüber.« So leicht wird in der Mundart aus einem Christen ein Gerüst!

Die Heiligen

Die folgenden Geschichten erinnern daran, dass im badischen Volk katholischer Konfession ein recht vertrauter Umgang mit den Heiligen herrschte. Vor allem auf dem Land gab es bis zur »Großen Säkularisation« von 1803/06 unzählige Klöster, Wallfahrtsorte und Kapellen, in denen man vor allem die populären »Volksheiligen« verehrte und um Hilfe anflehte. So etwa die »Vierzehn Nothelfer«, zu denen auch drei Frauen zählen, bekannt durch den bayerischen Spruch »Barbara mit dem Turm, Margarete mit dem Wurm, Katharina mit dem Radl, das sind die drei heiligen Madl«. Natürlich nahm man gern die Hilfe des heiligen Florian in Anspruch, indem man ihn bat: »O heiliger Sankt Florian, beschütz mein Haus, zünd andere an.« Die bäuerliche Bevölkerung wandte sich vertrauensvoll an den heiligen Wendelin, der als Königssohn zum Schafhirten gemacht wurde, oder an den heiligen Antonius mit dem Schwein als Attribut, den sogenannten »Sautoni«, dann auch an Sebastian, der mit Pfeilen bespickt dargestellt wird und dem man die Kraft zur Heilung von Hautkrankheiten zutraute. Mit dem mächtigen Kloster St. Blasien hatte sich die Verehrung des heiligen Blasius verbreitet. Er war als einer der 14 Nothelfer besonders bei Halskrankheiten zuständig und sollte auch davor bewahren, dass einem eine Fischgräte im Hals stecken blieb. Außerdem galt Blasius seines Namens wegen auch als Patron der Blasorchester. Und eine weniger fromme Frau wehrte sich dagegen, am 3. Februar, dem Namenstag des Heiligen, sich den Blasiussegen geben zu lassen, mit dem Argument: »Ich bin überhaupt nicht religiös, und an der Blas hab ich auch nix.«

Heilige Jungfrau, hilf!

Unbegrenztes Vertrauen haben manche zur Fürsprache der Muttergottes beim lieben Gott. Selbst beim Lotto beten sie zu ihr: »Heilige Jungfrau hilf, dass wir einen Volltreffer landen!«

Maria, Joseph und der Heilige Geist

Der Heilige Geist möchte, in Gestalt einer Taube, endlich wieder einmal nach Rom fliegen. Er kommt nicht weit, da kracht hinter ihm ein Schuss. Zum Glück ist ihm nichts passiert. Vorsichtshalber kehrt er um und wartet einen Tag. Dann fliegt er erneut los. Wieder geschieht es: Ein Schuss aus dem Hinterhalt zwingt ihn zur Umkehr. Jetzt berät er sich mit Maria. Sie schlägt vor, dass sie in kleinem Abstand hinter ihm her fliegen werde, um aufzupassen. So geschieht es. Kaum sind sie losgeflogen, kracht es wieder. Maria schaut zurück und sieht gerade noch Joseph mit einem Gewehr hinter einer Wolke verschwinden. Sie fliegt auf ihn zu und ruft: »Hast du es ihm denn immer noch nicht verziehen?«

Longinus mit der Lanzen

An manchen Schwarzwaldhöfen, so auch am prächtigen »Vogtsbauernhof« im Schwarzwälder Freilichtmuseum Gutach, findet man ein »Longinuskreuz«: Das ist ein großes Kruzifix, das von allen Marterwerkzeugen umgeben ist und bei dem der legendäre römische Offizier Longinus hoch zu Ross mit der Lanze abgebildet ist, alles ganz realistisch und farbenfroh gestaltet. Dazu gibt es den Vers: »Longinus mit der Lanzen, stach Jesus in den Ranzen...«.

O heiliger Sankt Veit

Den Sankt Veit (= den heiligen Vitus) hat man als Märtyrer unter anderem in einen Kessel mit siedendem Pech getunkt; übrigens, ohne dass es ihm schadete! Auf Heiligenbildnissen wird er mit einem Topf als Attribut dargestellt, was zu den Versen Anlass gab:

O heiliger Sankt Veit.
Weck mich in der Zeit.
Nicht zu früh und nicht zu spät,
dass es nit ins Bettle geht!

Einzelne Heilige, besonders die Muttergottes, wurden und werden von Katholiken in Baden in bestimmten Wallfahrtskirchen hoch verehrt. Man veranstaltet(e) Wallfahrten zu den entsprechenden Orten, und diese Wallfahrten waren vor den Zeiten des modernen Tourismus vor allem für die Landbevölkerung von hoher Bedeutung. Dabei ging es keineswegs nur um's Beten. Wallfahrten führten aus der Enge der Verhältnisse heraus, und manche pflegten dabei auch mal über die Stränge zu schlagen. Die kirchliche und auch die staatliche Obrigkeit wetterten dagegen, dass es bei Wallfahrten nicht selten zum Saufen und Huren käme. Deshalb wurden mehrtägige Wallfahrten schließlich völlig verboten.

»Kauft Herrgöttle!«

An vielen Wallfahrtsorten gab und gibt es Läden mit Devotionalien, Heiligenfiguren, Kruzifixen und dergleichen mehr. Da pries ein Händler seine aus Holz geschnitzten Figuren lautstark an: »Kauft Herrgöttle, Leute, kauft Herrgöttle! Sind hart wie de Deufel!«

Ökumenisches

Die konfessionelle Gemengelage der badischen Bevölkerung hat dazu beigetragen, dass bei Protestanten manche heiteren Geschichten über die Katholiken erzählt wurden und umgekehrt. Am liebsten aber schmunzelt(e) man in beiden Konfessionen über sich selbst und die eigene Kirche. Woher der folgende Scherz stammt, kann durchaus offen bleiben, zumal man ihn nicht nur in Baden erzählt:

»Bin doch evangelisch«

Kommt ein katholischer Pfarrer am Dorfweiher vorbei und sieht vier Buben splitterfasernackt auf der Wiese herumtoben. Entrüstet pfeift er sie an: »Schämt Ihr Kerle euch nicht, so nackig herumzulaufen?« Im Nu sind drei von denen abgehauen, ins Wasser gesprungen und untergetaucht. Nur der Vierte bleibt stehen. »Und was isch mit Dir?«, herrscht ihn der Pfarrer an. Der Bub beschwichtigend: »Sie müsset nit bös sein, Herr Pfarrer, ich bin evangelisch.«

Seit der Aufklärung im 18. Jahrhundert kamen sich Katholiken und Protestanten gerade auch am Oberrhein durchaus näher. Die Universität Freiburg war gewiss die erste katholische Hochschule der Welt, die – es war im Jahr 1787 – einen Protestanten als Rektor erhielt: den Professor der Schönen Künste Johann Georg Jacobi. *Johann Peter Hebel* schildert denn auch die kirchlichen Verhältnisse Badens in leuchtenden Farben:

»Ei, wohin jetzt das Auge sich wenden mag, erblickt es in fetten Gemarkungen untereinander schöne lutherische und katholische Ortschaften, mit ihren Kirchen und Schulhäusern und mit gottesfürchtigen Pfarrherren und verständigen Schulmeistern darin. Die stattlichen Kirchtürme schauen einander in der Sonntagsfrühe freudig an, dass jetzt ihr Ehrentag sei, und grüßen sich mit paritätischer Eintracht und Liebe in ihrer prachtvollen Glockensprache.«

Von paritätischer Eintracht zeugt zum Beispiel auch die Tatsache, dass im Elternhaus von *Friedrich Ebert* in Heidelberg, dem ersten Reichspräsidenten der ersten deutschen, nämlich der Weimarer Republik, im Wohnzimmer das Bild von Martin Luther und das von einer Muttergottes »in paritätischer Eintracht« nebeneinander hingen, und darüber hing auch noch ein Bild vom badischen Großherzog. Dazu muss man wissen, dass Eberts Eltern gestandene Sozialdemokraten waren und in einer konfessionellen »Mischehe« lebten.

Das Zölibatle

Offenbar war man sich zwischen Katholiken und Protestanten zu Zeiten durchaus wohlgesonnen, wenn auch ohne tiefere Kenntnis voneinander. Lud doch der evangelische Apotheker den katholischen Pfarrer zum Abendessen ein mit der Aufforderung, seine Frau mitzubringen. Worauf der erklärte, er müsse alleine kommen mit der Entschuldigung: »Sie wissen doch, wir haben den Zölibat.« Die Frau des Apothekers wollte ihn beruhigen und meinte: »Sie können doch das kleine Zölibatle ruhig mitbringen.«

»Bin bei der AOK«

Noch weniger Kenntnis von konfessionellen Unterschieden zeigte jene Frau, die bei der Anmeldung auf dem Einwohnermeldeamt gefragt wurde: »Sind sie katholisch oder evangelisch?« Worauf sie antwortete: »Weiß ich nicht. Bin bei der AOK.«

Evangelische Christen

In der Zeit des Kulturkampfes, der in Baden in den 1870er Jahren besonders heftig tobte, wurden sich Katholiken und Protestanten (oder Katholen und Evangelen, wie man sich gegenseitig leicht spöttisch nannte) für einige Zeit geradezu feindlich gesonnen.

»Des isch bäbä«

Eine katholische Kindsmagd kam mit dem Kinderwagen am Neubau einer eben fertig gestellten evangelischen Pfarrkirche vorbei. Die Kleine im Wagen reckte das Köpfchen, schaute zu dem neuen Gebäude hinüber und gab einen Juchzer von sich. Worauf die Kindsmagd das Baby zurück schob und warnte: »Musch nit so gucke. Des isch bäbä!«

Andererseits gab es im »Lahrer Hinkenden Boten«, dem beliebten protestantischen Volkskalender – den man ebenso gut in katholischen Haushalten finden konnte –, Karikaturen, auf denen ein protestantischer Pfarrer genussvoll zum Frühstück ein paar katholische Nönnlein verspeiste.

Die folgenden zwei Geschichten stammen wohl aus der Evangelischen Landeskirche Badens:

»Wo nicht deines Geistes Brand«

Der Kirchenrat kam sonntags zu einem Dorfpfarrer, um ihn beim Gottesdienst zu visitieren. Der Pfarrer roch ganz gehörig nach Schnaps, als der Vorgesetzte zu ihm kam. Dieser raunzte ihn an: »Wie können Sie in dem Zustand wagen, auf die Kanzel zu steigen?« Doch der Pfarrer antwortete gelassen: »Nur so. Sagt doch unsere Mutter Kirche: Unser Wissen und Verstand / ist mit Finsternis umhüllet. / Wo nicht deines Geistes Brand / uns mit hellem Licht erfüllet.«

Allein im Himmel?

Kam ein evangelischer Christ in den Himmel. Petrus führte ihn überall herum und zeigte ihm die verschiedenen Abteilungen. An einer blieb er stehen und flüsterte dem Angekommenen zu: »Hier müssen wir ganz leise sprechen, damit die drinnen uns nicht hören.« »Warum denn das?«, fragte der Protestant. »Ja weißt du«, erklärte ihm Petrus: »Da drin sind die Katholiken, und die glauben, sie seien allein im Himmel. Den Spaß wollen wir ihnen doch nicht verderben.«

Jüdische Mitbürger

Die gleiche Geschichte wird auch mit einer anderen Rollenzuweisung erzählt. Es war ein Jude, den Petrus im Himmel herumführte, und hinter der Mauer waren die Christen, die glaubten, sie seien allein Himmel. Die meisten humoristisch gefärbten Geschichten über Juden handeln von ausgesprochen »liberalen« jüdischen Mitbürgern. Sie waren im Badischen innerhalb ihrer Glaubensgemeinschaft eindeutig in der Mehrheit. Zwei Beispiele hierzu:

Moses kommt vom Sinai

Moses war vom Sinai gekommen, und das Volk wartete gespannt, was er auf den zwei Gesetzestafeln vom Allerhöchsten mitgebracht habe. Moses kündete dem Volk: »Ich habe zwei Nachrichten, eine gute und eine schlechte. Zuerst die gute: Ich habe ihn auf 10 heruntergehandelt. Aber nun auch die schlechte: Ehebruch ist noch immer dabei.«

Das Auto segnen

Ein Jude hatte sich einen flotten Sportwagen gekauft. Nun wollte er ihn von einem Rabbi segnen lassen. Er kam zum ersten, einem streng Orthodoxen. Als der hörte, er solle seinen Sportflitzer segnen, fragte er ziemlich ratlos: »Ein Sportflitzer? Was ist das? Habe noch nie davon gehört, dass es das gibt.« Nun probierte es der Autobesitzer bei einem liberalen Rabbi mit der gleichen Bitte. Der war nicht weniger ratlos als sein orthodoxer Kollege und meinte: »Einen Sportwagen segnen. Was ist das: Segnen? Noch nie gehört, dass es das gibt.«

Wem das zu frivol klingt, dem sei das Glaubensbekenntnis des polnischen Versemachers *Stanislaus Jerzy Lec* zum Vergleich angeboten: »Woran ich glaube? / Erlaube! / Natürlich an die Fakten. / (Doch nur an die nackten!).«

Mildernde Umstände

Dialektisch denken und handeln zu können, ist offenbar ein jüdisches Talent. Zuweilen wirkt das ziemlich unverfroren. Man nennt das dann »Chuzpe«. Dazu ein Beispiel: Ein Junge hat im Streit seine Eltern umgebracht. Vor Gericht bittet er um mildernde Umstände, weil er doch jetzt zum Vollwaisen geworden sei.

Das Gleichnis von den Arbeitern im Weinberg

Dem biblischen Gleichnis zufolge bekommt der Taglöhner, der nur eine Stunde gearbeitet hatte, den gleichen Lohn wie alle andern. Was lernt man daraus? Antwort: »Dass wir nie zu früh mit dem Arbeiten anfangen sollen.«

»Denk dran!«

Badische Lebensgefühle und Lebensweisheiten

Vor wenig mehr als 150 Jahren beschrieb *Friedrich Engels* die Eigenart der badischen Bevölkerung so, wie er sie während der Revolution von 1849 glaubte wahrgenommen zu haben. Seine Charakterisierung sollte das Scheitern der Revolution gleichsam aus den gesellschaftlichen Verhältnissen erklären. Und obwohl seine Diagnose heute eher wie eine Satire wirkt, mag sie doch auch etwas Richtiges treffen, wenn es da heißt: »Das höchste Ideal des badischen Kleinbürgers und Bauern blieb immer die kleine, bürgerlich-bäuerliche Republik (wie in der Schweiz). Ein kleines Tätigkeitsfeld für kleine, bescheidene Leute ...lauter inländischer kleiner Lokalklatsch und kleine Zänkereien en famille, keine sozialen Kollisionen zwischen Millionären und Proletariern, sondern ein stilles, gemütliches Leben in Gottseligkeit und Ehrbarkeit, in der kleinen geschichtslosen Bescheidenheit zufriedener Seelen …«.

Weit freundlicher wurden in einem Lexikon des deutschen Südwestens aus der Zeit um 1800 zum Beispiel die Freiburger skizziert: »Die Einwohner von Freiburg sind ein gutes, höfliches, fröhliches Völkchen, das wie alle Österreicher gerne lebt und leben lässt.« Damals gehörten der Breisgau und große Teile des Schwarzwalds noch zum habsburgischen Vorderösterreich. Die Eigenart einer Bevölkerung wird freilich nicht nur von ihrer politischen und kulturellen Zugehörigkeit geprägt. Vielfältige Einflüsse der Landschaft, die vorherrschenden Klimaverhältnisse, aber auch die Vernetzung in weitere Räume wirken auf sie ein. Insofern gibt es wohl kein gesamtbadisches Lebensgefühl. Nicht zuletzt sind Äußerungen der jeweiligen Lebensart einer Bevölkerung auch durchaus zeitbedingt, abhängig davon, unter welchen historischen Umständen sie entstanden sind. Das gilt auch für den Humor.

So hat *Christoffel von Grimmelshausen* im Simplizissimus (= der Einfältigste) das Lebensgefühl nach dem Dreißigjährigen Krieg auf ironisch-satirische Weise zum Ausdruck gebracht. Er lebte und wirkte damals in der mittelbadischen Ortenau und kann in gewisser Weise durchaus zu den Ahnvätern des badischen Humors zählen. In seiner bitteren Kritik an den »widrigen Verhältnissen« bleibt immer auch eine Spur Mitleid, zuweilen ein tragik-komischer Weltschmerz zu spüren, Empfindungen, die auch dem Humor nicht fremd sind. So schreibt er einmal: »O Welt behüt dich Gott, denn in deinem Haus führet man weder ein heilig Leben, noch stirbt man einen gleichmäßigen Tod ...!«

Vom Eigen-Sinn

»Mich bringt's fast um«

Ein Schwarzwälder Bauer, der mit dem Tode rang, äußerte das so: »Manche sterben so ring (= so leicht), und mich bringt's fast um!«

Im Humor kommt beim Erzähler der Schalk zum Vorschein. Zugleich drückt sich darin ein Stück Lebensphilosophie aus. Je pfiffiger diese formuliert ist, desto eher sind wir geneigt, ihr zuzustimmen.

Wozu sind die anderen da?

»Wir sind dazu da, den anderen zu helfen«, erklärt ein stolzer Weltverbesserer. Gegenfrage: »Und wozu sind die anderen da?«

Stimmt's etwa nicht?

Sprüche und Redewendungen wie diese sind aus Meßkirch von der Schwester *Maria* des Freiburger Erzbischofs *Conrad Gröber* überliefert:

Wer nix erhürotet und nix irbt (= nichts erheiratet und nichts erbt), / bliebt en Bettler, bis dass er stirbt.

Wer handlet (= Handel treibt), der gewinnt / und wer schaffet, der hot nint.

Wein, Weib und Gesang

»Wer nicht liebt Wein, Weib und Gesang, der bleibt ein Narr sein Leben lang!« Da wurde ein Badener gefragt, was er denn von den dreien vorzöge, wenn er die Wahl hätte. Seine Antwort: »Auf den Gesang kann ich verzichten, und bei den andern beiden kommt es auf den Jahrgang an.«

Gerhard Jung, ein alemannischer Mundartdichter aus dem Markgräflerland, formulierte seinen Ratschlag zum rechten Leben im Gedicht *Allbott emol* (= häufig bzw. manchmal):

Allbott emol
de Mensche traue.
Allbott emol
E Brückli baue.
Allbott emol
Si Zit verschenke
Un au e weng
Ans Helfe denke.

Herrgott, wird des schön,
wenn mer sell endlich alli verstöhn.
Däno
Wird's uns allene wohl,
allbott emol.

Was in der südbadischen Mundart »allbott« oder in der Steigerung »allewiil« (= unentwegt) heißt, nennt man im mittelbadischen Lahr »alleritt«. Das langjährige Stadtoberhaupt von Lahr, *Philipp Brucker*, veröffentlichte eine Sammlung von »Geschichtli vun geschtert un hit« unter diesem Titel, und »*Alleritt*« lautet auch die Überschrift der ersten dieser Geschichten.

Alleritt duesch du mi froge,
was des sott un was des git.
Alleritt kannsch du mi ploge.
Weisch du selwer, was de witt?

Brucker erinnert sich in der Geschichte daran, wie er als fünfjähriger Bub seinen Großvater »alleritt« mit Fragen geplagt habe, bis der sich wehrte: »Der frogt mir e Loch in dr Buch un des halt i so nimmi us!« Als Bürgermeister habe er, Brucker, im Stadtrat gedacht, er müsse den ausführlichen Diskussionen auch ein Ende machen, indem er einfach dazwischen fahre. »Do het awer einer vun dr Stadträt ganz wiätig zu mir gsait: Fahre Sie doch nit alleritt drzwische! Losse Sie uns doch au emol ebbis sage!« Da erinnerte er sich an den Großvater und versuchte von dort an, sich an eine Aufforderung zu halten, die man ihm aufgeschrieben hatte: »Muhl (= Mundwerk), halt d'Gosch!« Nach der Sitzung blieb man meist noch im Wirtshaus beisammen. Hier meinte einer der Gemeinderäte zum Kollegen von der anderen Fraktion: »Wenn du beim Punkt 4 der Tagesordnung dei Gosch ghalte hättsch, säße mir jetzt schon beim dritte Viertele!«

Der Hebelpreisträger *Manfred Bosch*, Herausgeber der Zeitschrift »Allmende«, gibt in seinen Versen einem Lebens- und Selbstgefühl Ausdruck, das nicht untypisch ist für manche »Leute vom Wald« (dem Schwarzwald also):

Frog i den Kerle
Wem gheersch Du
Seet der:
»Mir selber.«

In widrigen Umständen

Mit widrigen Umständen fertig zu werden, ist eine Kunst, die man am meisten wohl in der Krankheit und im Alter nötig hätte. Dazu ein paar heitere Geschichten. Sie mögen gar nicht immer lustig klingen, aber sie treffen sozusagen den Nagel auf den Kopf, bringen die Sache auf den Punkt, mit anderen Worten auf die Pointe. Um es mit *Erich Kästner* zu sagen: »Der Humor rückt den Augenblick an die richtige Stelle.«

Das kleinere Übel

Kam einer mit einem hartnäckigen Husten zum Arzt. Der verschrieb ihm eine Arznei und erklärte dem Patienten: »So, davon nehmen Sie dreimal täglich drei Esslöffel voll, unverdünnt, ohne Zucker.« Nach drei Tagen kommt der Patient wieder. Sein Husten ist nicht besser geworden. Der Arzt fragt: »Haben Sie die Medizin regelmäßig genommen, wie ich es gesagt habe?« »Versucht habe ich's«, antwortet der Patient, »aber dann hab ich gedacht, ich behalt doch lieber den Husten!«

»Geht's wieder besser?«

Trafen sich zwei Bekannte. Der eine fragte den andern, der ernsthaft erkrankt gewesen war: »Geht's wieder besser?« Seine Antwort: »Sell schon, aber mir wär's lieber, es ging mir schon wieder guet!«

Zwei Doktoren

»Ich brauch halt zwei Doktore, einen alten und einen jungen«, erklärt eine Frau ihrer Freundin, »wenn ich was hab, geh ich zum alten, und wenn mir was fehlt, geh ich zum jungen.«

Beim Zahnarzt

Mit aller Kraft mühte sich der Zahnarzt, dem Patienten einen maroden Backenzahn zu ziehen. Vergeblich. Schließlich meinte er:

»Dein Eckzahn geht so schwer raus. Steh mal auf; ich glaub, du hocksch auf der Wurzel!«

Ein anderer Zahndoktor fragte seinen Patienten, warum er schon das Gesicht verziehe und vor Schmerzen »Aua« seufze, bevor er mit der Behandlung begonnen und seinen kranken Zahn auch nur berührt habe. Der Patient: »Weil Sie mir die ganze Zeit auf den Zehen stehen!«

Misstrauen

»Ich muss Ihnen eine Narkose machen, bevor ich mit der Wurzelbehandlung beginnen kann«, erklärt wieder ein anderer Zahnarzt seinem Patienten. Der holt daraufhin seinen Geldbeutel hervor und beginnt die Scheine zu zählen. Der Zahnarzt will ihn stoppen: »Das müssen Sie doch nicht jetzt gleich bezahlen. Sie bekommen später eine Rechnung.« Worauf der Patient meint: »Ich wollte ja nur sicher gehen, dass mir nachher nichts fehlt.«

Warum keine Operation?

Vom Blumenpeter in Mannheim wird erzählt, der Arzt habe ihm nach einer gründlichen Untersuchung mit bedenklicher Miene erklärt: »Also, das muss ich Ihnen sagen, auf Rauchen und Trinken müssen Sie unbedingt vollständig verzichten. Sonst garantiere ich für nichts.« Peter zuckte erschrocken zusammen und meinte: »Ist es wirklich so schlimm, Herr Doktor. Ich hatte gemeint, ich käme mit einer Operation davon.«

Der Hustensirup

Peter will sich eine Flasche Hustensirup besorgen, die gleiche wie in der letzten Woche. »Ist dein Husten denn noch nicht besser geworden?«, fragt der Apotheker. »Doch, er ist fast weg«, gesteht Peter. »Hustet denn sonst jemand in der Familie?« »Nein, die sind alle gesund«, antwortet Peter. »Ja, wozu willst du dann den Hustensirup?«, möchte der Apotheker nun wissen. Peter ist ehrlich: »Ha, der schmeckt mir halt so gut auf den Pfannenkuchen!«

Übergänge im Leben

In Baden, das immer als Transitland galt, hier, wo Glas- und Uhrenträger das große Geschäft machten, das Land, in dem das Laufrad (als Vorstufe des Fahrrades) und das erste Automobil erfunden wurden, ein Land mit einem der dichtesten Eisenbahnnetze, das Heimatland des Schwarzwaldvereins (1864 als »Badischer Verein« gegründet und mit über 90000 Mitgliedern der zweitgrößte Wanderverein Deutschlands), hier, wo man mit Inbrunst das Lied »Das Wandern ist des Müllers Lust« singt mit dem sehnsüchtigen Kehrvers »Das Wa-ha-ha-ha-a-andern, das Wa-ha-ha-ha-a-andern, das Wa-ha-ndern«: In einem solchen Land lässt sich das ganze Leben weiß Gott gerne als eine Wanderschaft erfahren und besingen. *Johann Peter Hebel* hat seine tiefsten Gedanken anhand einer Wanderung »auf der Straße nach Basel, zwischen Steinen und Brombach« in dem grandiosen Gedicht »*Die Vergänglichkeit*« ausgedrückt. Einfacher, eingängiger wohl auch, sind die Verse von *Gerhard Jung*, dem Markgräfler Mundartdichter, in seinem Gedicht »*Mir wandere*« (hier mit Übersetzung ins Hochdeutsche):

Mir wandere dur ‘s Lebe durane un durii, duruf, durab und ebe, mer wisse nit wohi.	Wir wandern durch das Leben hindurch und auch hinein, hinauf, hinab und eben, wir wissen nicht, wohin.
Mer sueche Weg und Richtig, probiere ‘s dört un do un meine allewiil: wichtig wär nume ‘s Anecho.	Wir suchen Weg und Richtung, versuchen’s dort und da und meinen stets: wichtig sei nur das Ankommen.
Uf eimol chunnt en andre, e chalte, dunkle Punkt, wo di dii ganzis Wandre verruckt un sinnlos dunkt.	Auf einmal kommt ein anderer, ein kalter, dunkler Punkt, wo dich dein ganzes Wandern verrückt und sinnlos dünkt.

No wottsch am liebste chehre	Dann möchtest du am liebsten umkehren
un nüt as nomol zruck.	und nichts als nochmals zurück.
Un muesch doch schmerzlich lehre:	Und musst doch schmerzlich lernen:
In 's Gestern git's kei Bruck...	Ins Gestern gibt's keine Brücke.)

In der Form japanischer Haikus dichtet der Freiburger Germanist und Mundartdichter *Stefan Pflaum* seine Aphorismen zur Zeit:

Früher

Mr sott nit immer sage:
»Früher isch alles besser gsii!«
Denn morge
isch hit
au früher.

Vorschlag an de liebe Gott

Mr sott dood si könne
vor em Sterbemien.
No dädd sich's liichter läbe lo!

Ein Marterl an einer verkehrsreichen Straße legt den Vorüberfahrenden nahe, daran zu denken:

Der Weg zur Ewigkeit / ist nicht so weit.
Um acht Uhr fuhr er fort, / um neun war er schon dort!

Ganz locker, badisch gelassen sozusagen, reagierte ein Schwarzwälder Bauer auf die Warnung eines Mitreisenden im Zug der 1887 erbauten Höllentalbahn. So erzählt es *Hans Martin Grüninger*, ehemals Landgerichtsrat in Freiburg, in einem Gedicht aus dem Jahr 1895 »*Uf de Isebah*«:

Ge Friburg aben Isebah
Fahrt 's erstemol en Wälderma.
Des Fuhrwerch g'fallt em gar nit schlecht;
So hockt er sich denn breit zurecht
Und nümmt si Pfifli us em Sack,
Schlot Für und raucht en Rolltuback.
Uf eimol zündt mer Liechter an
Und goht's i's Tunnel. »Dunnderschla!
Jetzt goht's i' d' Höll, Bur halt nu still!«
So rüeft en Herr, wo 'n foppe will.
Do rüehig sait de Wälderbur:
»Mir isch des glich, ich ha retour!«

Harald Hurst, der Karlsruher Schriftsteller und Dichter aus unserer Zeit, fasst seine Lebensmaxime knapp zusammen: »Un 's Lebe isch so kurz: Es lohnt sich kaum, de Koffer abzustelle.«

Ein wenig offener sieht das sein Kollege, der kürzlich verstorbene Hauptschullehrer aus Karlsruhe *Johannes P. Scherer*, in seinem Gedicht in Anlehnung an die Fragebogen mit anzukreuzenden Auswahlfragen mit der Überschrift »*multipel tschoiß*«:

's lewe isch zumoischd
wie oiner von selle
bleede frageböge.
Irgendwo sollsch
dei kreuzle mache.
Awwer keine
von dene vor-
gegewene antworde
passt werklich.

Am Lebensende

Irgendwann geht das Leben auch für Badener zu Ende. Die Zeit wendet sich zur Ewigkeit. Was bleibt? Manche tragen es badisch gelassen. Ein Todgeweihter bat seine Angehörigen: »Bitte, keine Blumen auf das Grab!« »Was denn sonst?«, wollten diese wissen. Sein Vorschlag: »Sät halt Radiesle drauf.«

Denk dran!

Der Hannes sitzt im Wirtshaus und bestellt einen Schoppen nach dem andern. Schließlich mahnt ihn der Wirt: »Denk dran, dass du für jedes Glas Wein eine Woche früher sterben musst.« Der Hannes erwidert: »Ach was, red mir bloß kein so saudummes Zeug daher, das gar nicht stimmen kann. Denn sonst müsst ich ja schon längst gschtorben sein.«

Stimmt es?

Etwas für Statistiker: »Stimmt es, dass Frauen länger leben als ihre Männer?« »Aber sicher stimmt's. Besonders bei den Witwen.«

Todesursache

Ein kurzsichtiger Arzt unterschreibt auf dem Totenschein eine Zeile zu tief. So steht nun in der Rubrik »Todesursache«: Sanitätsrat Dr. Bader.

Falsche Vermutung

Es heißt, dass die Umgebung, in der einer arbeitet, ganz und gar sein Verhalten bestimmt. Aber eben nicht in jedem Fall: Da hat einer 12 Jahre lang im Schwarzwald das Milchauto gefahren und ist doch an einer Alkoholvergiftung gestorben.

Aufpassen!

Einem Mitglied der berühmten Zirkusfamilie Knie sangen Freiburger Kinder, wenn er seine Balancierkünste auf dem Hochseil vorführte: »Knie, Knie, wenn de nabkaisch, dann bisch hi!«

Aus einer Todesanzeige

Mit dem Verstorbenen haben wir einen fleißigen, aufrichtigen Menschen verloren, der es verstand, nach unserer alten Tradition der Hausschlachtung vielen Menschen zu helfen.

Grabinschriften

Auf alten Friedhöfen wie dem zu Freiburg findet man auf verwitterten Grabmälern aus dem 18. und frühen 19. Jahrhundert manche lesenswerte Inschrift:

Hier ruht Josef Schreiner / 40 Jahre lebte er als Mensch, / 20 Jahre als Ehemann.

Hier liegt der alte Lehrer Krug, / der Kinder, Weib und Orgel schlug.

Hier ruht Karl Hofer, bürgerlicher Metzgermeister von hier und seine noch lebende Gattin.

Dem Handelsmann, der niemals log / Noch im Gewicht und Maß betrog /
Der frei von Stolz und Krämerneid / Sich schwung durch Fleiß und Sparsamkeit.

Im Leben rot wie Zinnober. / Im Tode kreidebleich.
Er starb am 10. Oktober. / Am 12. war die Leich.

Hier liegt ein Mann, der tut, / was er ein Leben lang getan: Er ruht.
Hier ruhen meine Gebeine. Ich wollt', es wären Deine!

Bei der Bestellung eines Kranzes wurde auch der Text für die Kranzschleife am Telefon durchgegeben. Zu lesen stand dann auf der Schleife: »In tiefer Trauer auf beiden Seiten, und wenn noch Platz ist: Ein Wiedersehen im Himmel!«

Johann Peter Hebel hat das badische Lebensgefühl besonders gut getroffen in seinem Gedicht »*Der Tabakraucher*«:

Im Frühling: ‘s Bäumli blüeht, und ‘s Brünnli springt.
Potz tausig loos, wie ‘s Vögeli singt!
Me het si Freud und frohe Muet,
und ‘s Pfifli, nei, wie schmeckt’s so guet.
Im Sommer: Volli Ähre, wo mer goht,
Bäum voll Äpfel, wo mer stoht!
Und es isch e Hitz und Gluet.
Eineweg schmeckt’s Pfifli guet.

Im Herbst: Chönnt denn d’Welt no besser si?
Mit si’m Trübel, mit si’m Wi
Stärkt de Herbst mi lustig Bluet,
Und mi Pfifli schmeckt so guet.

Im Winter: Winterszit, schöne Zit!
Schnee uf alle Berge lit,
Uffem Dach und uffem Huet.
Justament schmeckt’s Pfifli guet.

»Wie schmeckt's?«

Kulinarisches aus Baden

Man sagt von den Schwaben und den Alemannen, sie verfügten nur über vier Sinne, weil bei ihnen auch Blumen und sogar ein frisch gebohnerter Fußboden gut »schmecken« können. Sie sparen sich einfach das Wörtchen »riechen«, wenngleich sie durchaus ein Organ für den Geruchssinn haben und, wenn sie sich über etwas ärgern, ganz entschieden festzustellen pflegen: »Mir stinkt's!« Wenn sie aber jemanden warnen wollen, sagen sie vielleicht: »Schmecksch dr Brägl?« (Riechst du den Braten?). Am häufigsten freilich findet man die badischen Landsleute dabei, wie sie es sich einfach »schmecken lassen.«

Gemeinhin wird den Badenern nachgesagt, dass sie in allem eher die moderate, maßvolle, ausgleichende Lösung suchen und nichts übertreiben wollen. Aber beim Essen und Trinken machen sie, so scheint es, schon ihre Ausnahmen. Bei Hochzeitsessen oder ähnlichen Festtagsschmausereien wird hier zu Lande schon mal davor gewarnt: »Man glaubt's kaum, was alles in die Kerle hineingeht, wenn's nix kostet!« Nicht nur in der Pfalz findet man die Redewendung: »Lieber den Darm versprengt, als dem Wirt was geschenkt!« Ein anderer Spruch ist schon am Dialekt als pfälzisch zu erkennen: »Beim Esse sind 's Bescht / en kurzes Gebet und lange Wörscht!« Ziemlich selbstbewusst pflegt man im Badischen auf Spitzenpositionen in der Gastronomie zu pochen. Und in der Tat findet man wohl nirgendwo so viele sternenbekrönte Restaurants und »Haubenküchen« wie in diesem »Land der Schlemmer«.

Vom Appetit

Bestellwunsch

Wie bestellt einer im Badischen sein Essen im Wirtshaus? Er sagt: »Lieber nit so wenig und dafür guet!«

Riesenschnitzel

Wundert sich einer am Wirtshaustisch über die Mordsportion eines offenbar einheimischen Gastes und fragt ihn: »Wollen Sie das Riesenschnitzel denn ganz allein vertilgen?« Worauf dieser ganz treuherzig erwidert: »Aber natürlich nicht. Ich krieg noch Knöpfle oder Brägele, Gmüs und Salat dazu und ein großes Bier.«

Die folgende Geschichte stammt aus Österreich. Aber im ehemals vorderösterreichischen Breisgau kann man nicht nur den aus Österreich inspirierten Zwiebeltürmen an manchen Barockkirchen begegnen, sondern auch österreichischen Leibspeisen auf Menükarten. Und wohl auch Essgewohnheiten, die aus dem ehemaligen Mutterland stammen.

Appetitlosigkeit

Beklagte sich ein wohlbeleibter Mann beim Arzt über Appetitlosigkeit. Der Doktor fragte ihn, was er denn heute zu sich genommen habe. Der »Patient« zählte auf: »Zuerst eine Ochsenschwanzsuppe, dann eine Schweinshaxe mit vier Semmelknödeln, zuletzt eine Portion Kaffee mit sechs Krapfen und drei Schillerlocken.« Der Arzt musste lachen: »Da wundert mich nichts mehr, dass Sie keinen Appetit mehr haben.« Der »Patient« dagegen: »Finden Sie? Aber ich hatte doch schon vorher keinen.«

Zu viele Kartoffeln im Keller

Da beklagte sich die Pfarrhaushälterin bei ihrem Pfarrherrn, sie hätten viel zu viele Kartoffeln im Keller. Das Frühjahr sei schon gekommen, und bald gäbe es neue »Grumbiere« (so heißen die Erdäpfel im badischen Unterland). Damit die alten aufgebraucht werden, meinte sie: »Herr Pfarrer, jetzt kommt entweder eine Sau in den Stall oder ein zweiter Vikar ins Haus!«

Im Wirtshaus

Der Schübling

Schönstes Wetter, irgendwo im Süden des Landes, man sitzt in der Gartenwirtschaft. Ein Gast hat einen Schübling bestellt, eine Wurstsorte aus der Schweiz, größer und würziger als Wienerle. Der Kellner bringt das Bestellte, einen Mordsschübling. Beide Enden ragen über den Tellerrand hinaus, und der Kellner hat die Wurst mit dem Daumen festgeklemmt. Der Gast beschwert sich: »Fassen Sie meine Wurst doch nicht mit den Fingern an!« Der Kellner: »Ja meinet Sie, ich will die Wurst noch en zweit's Mol us em Dreck uffhebe?«

Angebissen

»Sie, Fräulein«, beschwert sich ein Gast bei der Kellnerin, »das Entrecôte lässt sich kaum schneiden, so zäh ist das.« Sie: »Möchten Sie statt dessen lieber ein Kotelett?« Der Gast: »Ja gern, aber ich hab das Entrecôte schon angebissen.« Das Fräulein: »Das macht nichts, wir haben auch angebissene Koteletts.«

Heiße Frankfurter

Preist einer am Kiosk seine Würstchen mit Senf an und ruft immerzu lauthals »Heiße Frankfurter! Heiße Frankfurter!« Murrt ein Passant: »Was interessiert mich, dass Sie Frankfurter heißen!«

Vegetarier?

Da trifft einer seinen Freund, einen bekennenden Vegetarier, im Wirtshaus, wie er gerade genüsslich ein halbes Hähnchen vertilgt. »Ja, hast du denn alle deine Prinzipien aufgegeben?«, fragt er ihn. Der wimmelt ab: »Aber nein. Heute ist nur mein vegetarischer Fasttag.«

Das passt zusammen

Im badischen Unterland, das kulinarisch nicht ganz so hoch entwickelt ist wie die südbadischen Landesteile, bestellt man gern im Dreierpack »Worscht, Weck un Woi.« Hier reimen sich am besten aufeinander »Worscht und Dorscht«. Noch heute singt man hier mit voller Kehle das Lied mit dem Refrain: »Ja der Dorscht, ja der Dorscht, der alte Brusler (= Bruchsaler) Dorscht …!«

Landestypisches

Badener erkennt man, so heißt es manchmal, an ihrer Vorliebe für das Vesper (in Bayern heißt das »Brotzeit«). Dazu gehören ein rechtes Stück Speck mit Bauernbrot und ein Krug Most; es kann natürlich auch ein Hauswein aus dem Fass sein, und hinterher ein Schnäpsle. Dazu folgende Geschichte:

»Babbe, ich hab…«

Der Vater schickt den Bub vor dem Vesper in den Keller, einen Krug Wein aus dem großen Fass zu holen. Der bringt den Krug und will was sagen: »Babbe, ich hab…«, worauf der Vater ihn anraunzt: »Du bischt still beim Essen, sonst fängst du eine!« Der Bub fängt wieder an: »Babbe, ich hab…«, und schon hat er eine Ohrfeige sitzen. Der Bub heult und stottert: »Babbe, ich hab doch nur sagen wollen, dass ich den Zapfen am Fass nimmer zu gebracht hab.«

Das viele Brot

Da fanden zwei Saufbrüder einen Zehnmarkschein bei einer Bank. »Was machen wir damit?«, wurde beraten. »Wir kaufen für neunfünfzig eine Flasche Schnaps, und für den Rest zwei Weckle«, schlug der eine vor. Darauf der andere: »Was sollen wir denn mit dem vielen Brot?«

Im Vesper spiegelt sich ein Stück der ländlichen Tradition. Früher gab es das Vesper zweimal am Tag (z'Nüni – ca. 9 Uhr also – und z'Vieri – etwa um 4 Uhr nachmittags) zur Stärkung und zur Arbeitspause. Aus der bäuerlichen Tradition haben sich auch sonst einige landestypische Gerichte erhalten, etwa die Nudelsuppe und der Schinken. Zur bäuerlichen Tradition gehört wohl auch die Vorliebe der Badener für die »Brägeli« (= Bratkartoffeln) – am liebsten mit Leberli – oder für den Kartoffelsalat (der so richtig »schlunzig« schmecken soll) und nicht zuletzt für das Schäufele. Es gibt übrigens ein Weihnachtsgebäck, das sogar einen badischen Namen trägt: die »Hildabrötli«, benannt nach der badischen Großherzogin Hilda. Im Übrigen galt für die ländliche Bevölkerung lange Zeit: »Was der Buur nit kennt, des frisst er nit.« Vor Genusssucht warnte der Spruch: »Immer erst ‘s Kraut und dann ‘s Fleisch!«

Landestypisch, aber eher der vornehmeren Küche zuzurechnen sind die »lebendfrischen« Forellen, möglichst aus dem hauseigenen Fischteich oder dem Bach nebenan, die Spargeln, die z. B. aus Schwetzingen, aus Bruchsal oder aus dem Markgräflerland kommen. In der gehobenen Gastronomie findet man dann die ganz edlen Gerichte, die schon in der Bezeichnung ihre Herkunft aus dem benachbarten Frankreich oder dem ebenfalls geographisch wie mental nicht weit vom Badnerland entfernten Italien verraten. Nimmt der Feriengast freilich hier zu Lande an einem der touristisch unentbehrlichen »Heimatabende« des örtlichen Kurvereins teil, dann könnte er am Ende meinen, im Badischen pflege man den ganzen Tag nichts als Blasmusik zu spielen, Speck zu vespern, Zwetschgenwasser zu trinken – und zum Kaffee ein Riesenstück Schwarzwälder Kirschtorte zu verdrücken.

Badischer Wein

Wer nach einem Markenzeichen des Badischen sucht, denkt neben allem andern oder vielleicht sogar zu allererst an den Badischen Wein, für den, wie eingangs zitiert, der Slogan gilt: »Von der Sonne verwöhnt«. Vielleicht hat die Sonne ja auch die ganze Gemütsart der Badener ein wenig verwöhnt. Da man von diesem Menschenschlag sagt, er meide nichts mehr als die Maßlosigkeit, verwundert es doch, wie viele badische Witze vom Suff handeln. Sollten sie zur Abschreckung dienen? Meistens haben sie allerdings wie so vieles im Badischen doch einen eher einladenden und um Verständnis werbenden Grundton, und dem möchte man wohl mit einem Augenzwinkern gerne zustimmen.

Zwei Saufbrüder

Zwei Saufbrüder haben bis spät in die Nacht hinein gezecht und machen sich schließlich mit dem Fahrrad auf den Heimweg. In der Dunkelheit stoßen sie zusammen und stürzen beide in den Straßengraben. Vorsichtig tastet der eine nach dem andern, streicht ihm im Finstern über die Glatze und meint: »Du hasch aber bigott dei Hos ganz schön verrisse!«

Verkehrt im Bett

Hat sich ein Spätheimkehrer im Vollrausch verkehrt herum ins Bett gelegt. Als ihn seine Frau am Morgen weckt und über seinen Irrtum aufklärt, meint er erleichtert: »Gott sei Dank ist's nur das. Ich hab schon gedacht, so ein Kopfweh, und dabei sind's bloß die Hühneraugen!«

Nur die Hälfte

»Sie trinken zu viel«, warnt der Arzt einen Patienten und fragt: »Wie viele Viertele sind es denn am Tag?« Der Patient gesteht: »Ha, so zwei Viertele sind es schon.« Worauf der Arzt meint: »Die Hälfte wäre aber gerade noch viel genug!« Der Patient nickt: »Ich hab ja auch grad nur die Hälfte zugegebe (= eingestanden).«

Badischer Landwein oder Essig?

Auf dem Land ist die Qualität des badischen Weines erst durch die gegen 1900 und nach dem Ersten Weltkrieg gegründeten Winzergenossenschaften entwickelt worden. Es hieß zuvor, als Jesus am

Kreuze hing und ausrief: »mich dürstet«, hätten die Wachsoldaten ihn gefragt, was er lieber zu Trinken haben möchte, Essig oder badischen Landwein. Da zog der Gottessohn den Essig vor.

Im Übrigen soll niemand glauben, weil mit der Ortenau, dem Kaiserstuhl und dem Markgräflerland drei wohlbekannte Anbaugebiete im Südbadischen liegen, würde man nur im südlichen Landesteil gern sein Viertele trinken. Auch die Pfälzer sind stolz auf ihren Wein, der allerdings vornehmlich im linksrheinischen Teil der Pfalz wächst. Doch auch rechtsrheinisch kennt man den Spruch: »Hätt Adam Pfälzer Wein besessen, / hätt er den Apfel net gegessen!«

Vom Mannheimer Original, dem *Blumenpeter*, handeln etliche Trink-Geschichten. Davon zwei Beispiele:

Was Saufen bewirkt

Meint ein Freund zum Blumenpeter: »Du, ich glaub doch bald, dass durch's viele Saufen das Leben verkürzt wird.« »Des kann schun soi«, gibt Peter zu, »awwer dodefor seht mer im Suff a alles dobbelt!«

»Hammer noch Dorscht?«

Fragt ein Wirt den Blumenpeter, nachdem der schon einiges »gegurgelt« hatte: »Wie isch's, Peter, hammer noch Dorscht?« »Do muss isch erscht emol 's Portemonnäh frooche«, entgegnet der Peter kleinlaut.

Joseph Viktor von Scheffel, einer der »Großen Badener« (1826 in Karlsruhe geboren und 1886 ebendort verstorben), hat mit seiner in Heidelberg geschaffenen Liedersammlung »Gaudeamus« einen Bestseller ohnegleichen herausgebracht, der ihm allerdings ganz zu Unrecht den Ruf einbrachte, ein »Saufpoet« zu sein. Natürlich verstand er wie alle Studenten und Akademiker seiner Zeit allerhand vom Trinken. Man denke nur an das beliebte Lied:

Im schwarzen Walfisch zu Askalon
da trank ein Mann drei Tag,
bis dass er steif wie ein Besenstiel
am Marmortische lag...
Im schwarzen Walfisch zu Askalon
da schlug die Uhr halb vier,
da warf der Hausknecht aus Nubierland
den Fremden vor die Tür...

Noch Restalkohol?

Eine Polizeistreife macht Verkehrskontrolle und winkt einen Autofahrer zum Halten an die Seite. Erste Frage an ihn: »Haben Sie noch Restalkohol?« Der antwortet entrüstet: »Was soll die ewige Bettelei?« (Wer es genau wissen will: Pro Stunde werden im Schnitt 0,1 Promille abgebaut).

Ein schöner Schwips

Schwer beladen kommt der Ehemann spät am Abend heim. Die Frau begrüßt ihn: »Du hast mir ja wieder mal ein schöner Schwips heim gebracht!« (»Ein schöner Schwips« ist der »badische Akkusativ«!) Er lallt zurück: »Das freut mich aber, dass er dir so gut gefällt!«

Keinen Rausch

Ein anderer wehrt sich dagegen, dass ihm aufgrund der Blutprobe ein zu hoher Promille-Gehalt vorgeworfen wurde: »Ich hatte keinen Rausch, höchstens ein wenig zu viel getrunken.« Darauf der Verkehrsrichter: »Deshalb bekommen Sie ja auch statt 14 Tage Gefängnis nur zwei Wochen.«

Man ist sich im Badischen durchaus bewusst, was man dem Wein zu verdanken hat. Gern wird ein Spruch zitiert, der auf *Plutarch*, den großen Biographen der griechisch-römischen Antike, zurückgeführt wird. Er lautet: »Es ist der Wein unter den Getränken das Nützlichste, unter den Arzneien das Schmackhafteste, unter den Nahrungsmitteln das Angenehmste.« An der Fassade eines badischen Winzerkellers kann man den folgenden Spruch lesen:

Drei Dinge sind's, die machen den Wein:
Die Erde, die Rebe, der Sonnenschein.
Doch wenn die Arbeit des Winzers nicht wär,
blieb auch der schönste Becher leer.

Eine der beliebtesten Rebsorten der badischen Winzer ist der Gutedel. Er bringt den Winzern gute Erträge, trinkt sich süffig, ist bekömmlich, zeigt im Geschmack keine Extreme und passt zu fast allem: Typisch badisch also. Der Begründer des badischen Großherzogtums, der Markgraf Carl Friedrich, hat die Rebe aus Genf, wo sie noch Fendant oder auf Französisch Chasselat heißt, im Jahr 1780 hierher gebracht mit der Begründung, dieser Wein sei gut und edel, und den Namen behielt er bis heute. Eine Lagenbezeichnung wie der »Affentaler« entstand erst durch eine profane Umdeutung des ursprünglichen Ave-Tales (benannt nach dem Ave Maria). Inzwischen werden immer wieder neue Sorten kreiert oder alte abgewandelt. Als zum Beispiel der schwere Ruländer aus der Mode kam, wussten sich die badischen Winzer zu helfen und machten aus den noch nicht ganz spätreifen Trauben den Grauburgunder. Geblieben sind indes die Werbesprüche wie der folgende – trotz massiver Einsprüche gegen den darin vermeintlich versteckten Männer-Chauvinismus: »Macht die Frau ein Donnerwetter, / trink ein Viertel Ehrenstetter!«

Von der Kritik lässt sich ein badischer Weingenießer nicht so schnell ins Bockshorn jagen. Sprüche wie dieser geben ihm letztlich auch recht:

Wenn einer früh vom Tod getroffen,
so heißt's, er hat sich totgesoffen.
Stirbt aber einer von den Alten,
sagt man: Den hat der Wein erhalten!

Bier aus Baden

Wein ist keineswegs das einzige alkoholische Getränk, dem man im Badischen zugetan ist. Vom Schnaps war schon die Rede. Das Bier sei nicht vergessen! Kein Zufall hat wohl dabei mitgewirkt, dass die »Badische« Staatsbrauerei Rothaus zum erfolgreichsten Unternehmen dieser Branche im ganzen Südwesten wurde. Sie vermarktet ihr Rothaus Pils Tannenzäpfle so geschickt, dass Qualität mit Genuss zusammen einen ansehnlichen Gewinn einfahren. Welche andere Brauerei konnte schon ihren Bierausstoß in den letzten 10 Jahren so wie die Badische Staatsbrauerei Rothaus mehr als verdoppeln? Dabei verzichten die badischen Staatsbrauer auf markige Werbesprüche wie: »Zwischen Leber und Milz / passt immer noch ein Pils!« Dass die baden-württembergische Landesregierung den Posten des Brauereichefs gerne verdienten Politikern zuwendet, scheint allerdings der Volksweisheit recht zu geben, die da lautet: »Gutes Bier haben wir im Lande genug, / gute Politiker aber nicht!«

Das beste Bier, heißt es, ist immer noch das Freibier. Bier war (und ist zum Teil noch immer) das Getränk, das insbesondere in Studentenkneipen fließt und das auf Verbindungsfesten von Corps-Studenten zuweilen literweise konsumiert wird. Da kann schon mal passieren, was sowohl aus badischen wie aus württembergischen Universitätsstädten erzählt wird:

»'S Fiedle gschont!«

Ein Frühaufsteher, der morgens um halb 6 Uhr schon zur Arbeit ging, begegnete – sagen wir in Freiburg auf der Kronenbrücke – einem Verbindungsstudenten in vollem Wichs, der sich über das Geländer beugte und seinen Mageninhalt nachhaltig der unten fließenden Dreisam übergab. »So isch's recht, Ihr Herrle«, meinte der Frühaufsteher zu dem übernächtigten Jungakademiker, »immer schön 's Fiedle g'schont!«

Im Alemannischen nennt man »Fiedle« das, was im Schwäbischen das »Ärschle« heißt. Und so heißt denn auch hier ein Ort mit dem Namen »Aftersteg« im Volksmund »Fiedlebruck«. Wo man andernorts »Du kannst mich mal in die Schuhe blasen« sagt, heißt das im Alemannischen »Blos mi am Fiedle!« (= Blas mich am A...). Das »Fiedle« heißt mancherorts auch »Füdle«, und so antwortete ein Bergbauer auf die Frage: »Was reimt sich denn auf Alpenrose, edler Freund der Poesie?« / »Ihr könnt mich denn am Füdle blose, wenn ihr wollt so fründli si!«

Das Diminutiv, die Verkleinerungsform mit dem Suffix »-le« (Fiedle, Schätzle, Viertele usw.) gehört zu den Mitteln, die Dinge leichter, weniger ernst werden zu lassen. Typisch badisch!

Ob nun jemand in Baden mehr Wein oder mehr Bier trinkt, entscheidend bleibt, dass es ihm – und ihr – schmeckt. Dazu bedarf es zweierlei: objektiv der Qualität, und subjektiv?

Den Durst nicht verlieren

Da stand ein Arzt am Krankenbett eines Schwerkranken. Er machte eine bedenkliche Miene, runzelte die Stirn und prüfte sorgfältig den Puls. Dann aber meinte er: »Wir werden es schon schaffen. Das Fieber haben wir bald vertrieben.« Da richtete sich der Patient auf, hielt den Arm des Doktors fest und bettelte mit letzter Kraft: »Aber gell, Herr Doktor, Sie vertreiben mir doch um Gottes Willen nicht meinen Durst!«

»Bin ein Brüderle geworden«

Aus Kinder- und Schülerzeiten

Sie sind im Badischen nicht anders als anderswo, die Kinder. Insofern bringen die Kinder- und Schülergeschichten aus dem Badischen keine besondere Kontur im kollektiven Portrait der Landsleute zum Vorschein. Und doch erscheint es nicht ganz zufällig, welche Geschichten gerade hier zu Lande von Kindern und Schülern überliefert werden. Viele davon bezeugen schon bei den Kleinen jenes Talent zur leicht gutmütigen Toleranzbereitschaft und zur Kunst, sich mit den Verhältnissen zu arrangieren, die einem im Badischen so oft begegnet.

Elternerfahrungen

In Schlaf singen?

Der Säugling will und will nicht einschlafen. Die jungen Eltern sind ratlos. Das Baby schreit und schreit. Da bietet sich der Vater an: »Was meinst du? Soll ich vielleicht die Kleine in Schlaf singen?« Die Mutter: »O, versuch's doch lieber erst noch mal im Guten!«

Wie aus dem Gesicht geschnitten

Begegnet einer auf der Straße einer Bekannten, die stolz den Kinderwagen mit ihrem Baby spazieren führt. »Was ist es denn?«, fragt er sie. Die Mutter darauf: »Ein Büble, sieht man das nicht?« »Ha doch; es gleicht dem Vater wie aus dem Gesicht geschnitten«, räumt der ein: »Aber Sie brauchen das nicht so tragisch zu nehmen. Hauptsache das Kind ist gesund!«

Auf Teilzahlung

Trifft eine Schwangere ihre Freundin, die ihr Jüngstes in einem neuen Kinderwagen spazieren fährt: »Der Wagen war wohl ziemlich teuer. Gibt es den auch auf Teilzahlung, dass man ihn monatlich abstottern kann?« »Da lass die Finger davon«, warnt sie die junge Mutter, »ich kenne eine, die hat ihren Kinderwagen auf Raten gekauft, und jetzt stottert ihr Kleiner.«

Aus dem Kindergarten

Die Ordensschwester betet den Kindern den »Engel des Herrn« vor mit dem Vers »Der Engel des Herrn brachte Maria die Botschaft, und sie empfing vom Heiligen Geist«. Die Kinder wiederholen brav: »Der Engel des Herrn brachte Maria die Botschaft und zehn Pfennig vom Heiligen Geist.« Andernorts beten sie auch die Version: »...und sie fing den Heiligen Geist.«

Eine moderne Erzieherin lehrt die Kinder beten: »Ich bin ein Gedanke Gottes, und dazu ein genialer.« Freudig berichtet die Kleine zu Hause der Mutter, was sie gelernt hat: »Ich bin ein Gedanke Gottes, und dazu ein Indianer!«

Münze verschluckt

Die Oma hat der Tochter eine Münze aus echtem Gold geschenkt. Die soll einmal das Enkelkind bekommen, wenn es größer geworden ist. Die Mutter lässt die Kleine damit ein wenig spielen. Und die nimmt die Münze in den Mund, meint sie sei aus Schokolade und verschluckt sie. Große Aufregung. »Sie müssen schleunigst zum Arzt«, rät die Nachbarin, »gehen Sie zu dem Doktor Huber, der ist von hier und bestimmt ehrlich.«

Aus Kindermund

Kinder sehen die Welt mit eigenen Augen – und machen sich ihre eigenen Gedanken. Wen das irritiert, dem sei der Satz von *Antoine de Saint-Exupérie* (dessen »Kleiner Prinz« auch auf Alemannisch zu haben ist) ins Gedächtnis gerufen: »Alle großen Leute sind einmal Kinder gewesen, doch nur wenige erinnern sich daran.«

Die Tante begleiten?

Fragt die Tante, die zum kurzen Besuch gekommen war, beim Weggehen den kleinen Jungen: »Würdest du mich nicht bis zur Straßenbahn-Haltestelle begleiten?« »Nein, Tante, das geht nicht«, antwortet der Bub, »weil, wenn du fort bist, schneidet die Mami den Kuchen an.«

Warum keinen Salat?

Salat mochte der kleine Fritzle immer sehr gern. Nur heute rührt er kein Blättchen an. »Warum willst du denn heute gar keinen Salat?«, fragt die Mutter schließlich. »Ach weißt du«, antwortet der Bub, »es saß ein kleines Räuple in der Schüssel, und das hat mir zugeblinzelt, ich soll nix verraten.«

Zu Omas Geburtstag

Die kleine Enkelin soll der Oma bei ihrem Geburtstag ein Gedichtlein vortragen. Viel zu aufgeregt, bleibt sie gleich stecken und fängt an zu weinen. Die Oma tröstet sie und schlägt ihr vor: »Nimm doch einfach was Leichteres. Du hast ja so ein Bilderbuch mit Tierbildern und Versen darunter. Die kannst du doch alle auswendig. Such einfach eines aus, das dir gefällt.« Die Kleine überlegt nicht lange, meint dann: »Ja Oma, ich nehm das mit dem Schweinchen«, und deklamiert: »Du armes Schwein, du tust mir leid, / du lebst ja nur noch kurze Zeit!«

Guckst du nicht in den Spiegel?

Die Erzieherin schickt einen ihrer »Zöglinge« im Kindergarten zum Waschbecken mit dem Vorwurf: »Du kommst ja schon wieder mit verschmiertem Gesicht zu uns. Schaust du denn daheim beim

Waschen nicht in den Spiegel?« »Ich brauch nit in den Spiegel gucke«, gesteht der Kleine, »ich seh' s doch am Handtuch, ob ich sauber bin.«

Gestern gefehlt

»Warum bist du denn gestern nicht in den Kindergarten gekommen?«, fragt die Erzieherin den Fünfjährigen, »bist du krank gewesen?« »Nein nein«, erwidert der, »weißt du, ich bin gestern ein Brüderle geworden.«

Lieber den Storch

»Möchtest du jetzt dein Schwesterchen sehen, das der Storch gebracht hat?«, fragt die junge Mutter ihren Buben. Der meint: »Des nit, aber den Storch tät ich schon gern sehn!«

Mit der Eisenbahn

Der Xaverle darf zum ersten Mal mit seiner älteren Schwester Zug fahren. Er staunt nur so: »Das geht aber mal schnell!« Die Schwester darauf: »Ja, was meinst du, wenn wir Erster Klasse fahren würden, wie das erst sausen tät!«

Aus der Schulzeit

Viel schneller als gedacht ist die Kleinkinderzeit vorbei, und schon brauchen die Mädchen und die Buben einen Schulranzen, lernen Lesen und Schreiben, kriegen Hausaufgaben und freuen sich auf die Ferien.

Gehst du gern zur Schule?

Fragt die Tante den kleinen Neffen: »Na, gehst du eigentlich gern zur Schule?« Er meint: »Ha ja, ich geh ganz gern hin, und auch ganz gern zruck. Bloß die Zeit dazwische, die gfällt mir halt no gar nit.«

Die erste Postkarte

Von den ersten großen Ferien schreibt der kleine ABC-Schütze seiner Oma eine Postkarte: »Liebe Oma! Wie geht es dir? Mir geht es gut und das ist doch die Hauptsache. Viele Grüße – Dein lieber Martin.«

Missgeschick, frei nach Versen vom Blumenpeter:
In unsrer letzten Stund' war Religion.
Da hört man laut 'nen ganz verdächt'gen Ton.
Der Lehrer schreit: »Wer hat denn das gemacht?«
Der Peter, der steht auf, die ganze Klasse lacht.
Der Lehrer: »Sag bloß, was hast du gedacht?«
Das hat den Peter aus der Fassung g'bracht.
Dann stottert er ganz ängstlich und gekränkt:
»Dass er so laut wird, heddisch net gedenkt!«

Drinnen stinkt's

Weil er einen kräftigen Brummer hatte fahren lassen, wurde ein Schüler aus dem Klassenzimmer verwiesen und musste draußen auf dem Flur bleiben, bis der Duft sich verzogen hatte. Kam der Rektor vorbei und fragte ihn, weshalb er da draußen stehe, worauf der Bub antwortete: »Weil's drinnen so stinkt.«

»Deine Ohren putzen!«

Die Hanni vom Hinterseppenhof soll einen Satz, den die Lehrerin der Klasse vorgesagt hatte, wiederholen. Die Schülerin steht auf und druckst herum: »Hm, äh...«. Die Lehrerin: »Hasch nit aufgepasst? Du solltest dir mal deine Ohren putzen!« Jetzt pumpt die Hanni wie ein Maikäfer und erklärt ohne Scheu: »Minni Ohre? Ha, selli han i' schu mindeschtens e gonzes Johr nimmi butzt.«

Nachkriegserinnerung

Die folgende Geschichte ist nicht erfunden. Sie klingt höchstens so. »Damals nach dem Kriegsende 1945 bestand die Tauschwirtschaft.

Einer hatte bei der Oma im Nachttisch-Schublädele ihr Gebiss gefunden und zum Tauschen mitgebracht. Er bekam dafür drei Feuersteine von einem Mitschüler. Der tauschte dafür von einem Bauernbub vier Äpfel. Auf dem Bauernhof landete das Gebiss dann auf dem Misthaufen. Als die Oma den Verlust bemerkte, forschte man dem Tauschweg nach und fand schließlich das Gebiss auf dessen «Endstation» unversehrt. Frisch gereinigt nahm es die Oma wieder in Gebrauch.«

Mit Lehrers Auto

Der Lehrer fuhr mit einem klapprigen kleinen Citroen, einer »Ente«, zur Schule. Unterwegs sah er die Monika, die einen weiten Schulweg hatte, im Regen vor sich hin stapfen. Er lud sie ein mitzufahren. Das »Buuremaidli« schaute sich misstrauisch in dem Gefährt um, sprach kein Wort bis zur Schule. Als sie den Türgriff nicht am gewohnten Ort fand, half ihr der Lehrer und meinte: »Gell, Ihr henn halt e schöneres Auto daheim.« Die Monika darauf: »Nai, aber mir henn e räächts!«

Aus dem Französischunterricht

Seit einiger Zeit bekommen schon die Grundschüler entlang der deutsch-französischen Grenze im badischen Land Unterricht in französischer Sprache. Der Schulrat wollte sich ein Bild von den Lernfortschritten in der Klasse einer Junglehrerin machen, kam in die Klasse und setzte sich, begleitet vom Schulleiter, in die letzte Bank. Die Lehrerin schrieb einen einfachen Satz in Französisch an die Tafel und rief die Klasse auf, ihn zu übersetzen. Niemand traute sich. Es wurde immer stiller. Nur das leise Tuscheln der beiden Herren in der letzten Bank war zu hören. »Weiß es denn niemand?«, drängte die Lehrerin, »probiert es doch einfach!« Schließlich meldete sich einer der beiden aus der vorletzten Bank und sagte: »Ich weiß, was es heißt: Die Lehrerin hat einen knackigen Hintern.« Alle lachen, die Lehrerin wird hochrot und fährt den Schüler an: »Wie kommst du auf so was Blödes?« Der rechtfertigt sich prompt: »Das haben die beiden da hinten so gesagt.«

Was dann passiert ist

Der Geschichtslehrer erzählt vom Ausbruch der Französischen Revolution, spannend, alle hören mucksmäuschenstill zu. Wie er unmittelbar vor dem Sturm auf die Bastille ist und schildert, wie es in der aufgewühlten Volksmenge brodelte, streckt die Veronika vom Lenzebuurehof ganz ungeduldig den Finger. Die ganze Klasse guckt, alle wollen wissen, wie es jetzt in Paris weiterging. Da verkündet sie stolz und vernehmlich: »Un Herr Lehrer, hit nacht isch unser Ross verreckt.«

Aus dem Religionsunterricht

Heute ist das Thema »Lügen« dran. Der Lehrer hatte die Klasse gebeten, zuhause im 17. Kapitel des Markusevangeliums den entsprechenden Abschnitt nachzulesen. Er fragt: »Wer hat es gemacht?« Alle melden sich. »Seht ihr, wie wichtig das Thema ist«, lacht der Lehrer: »Alle reingefallen! Das Markusevangelium hat nämlich nur 16 Kapitel.«

»Gespalten«

In der Zeit, als es in der Schule noch »Hosenspanner« gab, wenn einer etwas angestellt hatte, bekam ein Bub eine gehörige Tracht hintendrauf. Es tat ihm fürchterlich weh, und zuhause wollte er im Spiegel sehen, welche Spuren die Schläge hinterlassen hatten. Er zog die Hose runter und rief voller Entrüstung : »Ich hab's ja befürchtet: Gespalten!«

Das Zeugnis

»Ich wünsche mir zum Geburtstag nichts anderes als ein gutes Zeugnis von dir«, meinte der Vater zu seinem halbwüchsigen Sohn. Der darauf: »Schon zu spät, Vater, ich hab dir doch ein Päckle Stumpen gekauft.« Stumpen sind übrigens eine alemannische Version von Zigarren.

Wie die Erwachsenen?

Im Kommunionunterricht, der für die Dritt- oder Viertklässler in katholischen Gemeinden im Lande Pflicht war, ermahnte der Pfarrer die Kinder, regelmäßig ihr Abendgebet zu verrichten. Er ging vom guten Beispiel der Erwachsenen aus und fragte sie: »Was machen denn Eure Eltern am Abend, wenn sie ins Bett gegangen sind, vor dem Einschlafen?« Da meinte einer aus der Gruppe: »Aber Herr Pfarrer, das ist doch eine Frage für die oberen Klassen!«

Wer stammt vom Aff ab?

Da fragte ein Bub seinen Vater besorgt nach dem Biologieunterricht: »Du Vadder, stimmt des, dass wir alle vom Aff abstammen tun?« Der Vater wies das energisch zurück: »Also du vielleicht, aber ich bestimmt nicht!«

Im Urteil der Lehrer

Was ist ein Ferkel?

»Du Vadder, was ist eigentlich ein Ferkel?«, fragt der Erstklässler daheim nach der Schule den Vater. Der erklärt ihm: »Das ist das Junge von einer Sau. Warum fragst du?« »Ich wollte es ja nur wissen. Die Lehrerin hat zu mir gesagt, ich sei ein kleines Ferkel.«

Aus Zeugnislisten und Klassenbüchern

1810/11: »Schüler aus der 6. Klasse mit Berufswunsch, Geistlicher zu werden, sitzt im Gefängnis wegen Diebereien.« »J. M. H., 13 Jahre, ein herrlicher Junge, nur leider schrecklich arm.« »Es gibt zuweilen Köpfe, über deren Beschaffenheit wir uns nicht einigen können. Ein solcher ist dieser.«

1978: »Die Klasse verlässt den Musikraum in einem saumäßigen Zustand. Die Klassensprecher räumen nicht auf. M. beträgt sich unmöglich.« »Sch. macht unflätige Bemerkungen und bezeichnet den Übungsstoff als Scheiße.« »H. und K. demonstrieren ihr Desinteresse am Unterricht durch ständiges Schwätzen und Lachen.«

Karzerstrafe

Bis zum Ende des Kaiserreiches gab es im Gymnasium, wie natürlich auch in den Universitäten, den Karzer als Strafe für allerlei Unbotmäßigkeiten. An der Karzerwand im Konstanzer Susogymnasium findet man die Verse eines Obertertianers aus dem Jahr 1903:

> Herrgott muss man heute schwitzen
> und dazu im Karzer sitzen.
> ‘S gibt doch recht grausame Leut.
> Wegen so ‘ner Kleinigkeit
> muss man brummen gleich zwei Stunden.
> Und zum Kuckuck! Nichts zu essen,
> nichts zu saufen und zu fressen.
> Wenn doch nur der Spatz bald käme,
> von der Tür den Riegel nähme!
> (»Spatz« hieß der Hausmeister der Schule.)

Prüfungsangst

Von einem Schüler hält die Schulchronik fest: »Aus bloßer Furcht, keine gute Prüfung zu machen, entzog er sich derselben.« Ein anderer hingegen meinte, als ein Mitschüler ihn vor den schweren Fragen beim Abitur warnte: »Red doch nit so daher. Der Prüfer kann au nit mehr frage, als was er selber weiß. Und überhaupt, was heißt da »schwere Fragen«? Beim Abitur sind die Fragen gar nit schwer, bloß die Antworten.«

Besser als die Pisa-Studie

Eine Grundschullehrerin aus einem Schwarzwalddorf hielt in einem Unterrichtsprotokoll ein Klassengespräch fest, das anders als die Pisa-Studie nicht nur Leistungen misst, sondern einen Blick in die Herzen der Kinder öffnet:

Es ging um den Golfkrieg. Angst habe er schon bekommen, wenn man im Fernsehen die zerbombten Häuser zeigte, meinte ein

Junge, worauf sein Nachbar uns mit großen runden Augen anschaute und hinzufügte: »Brutal, gell?« Er selbst habe Angst, »wenn de Saddam emol ofongt z'spinne un Rakete schießt, no konn au emol eini zu uns kumme...« Auch beim Einsatz von Giftgas haben einige Ängste, »wenn des zue uns kummt.« Denn Giftgas, meinte ein anderer, könne sich in der Luft bis zu uns verbreiten. Einem Dritten fiel ein, dass das Giftgas ins Meer gelangen könnte. »Mer derfe nit nur on uns denke«, gab da ein Junge zu bedenken, »sondern au emol on die Fisch, was die vertrage mieße.« Worauf einem Mädchen einfiel, dass die Fischer dann brotlos würden, »un nix meh uf 'm Merkt verkaufe kinne.« Nun wurden die Ölpreise noch in die Diskussion geworfen. Als seine Mama dem Vater gesagt habe, »D'Benzinpreis' gehen nuff«, het de Baba noch schnell des große Fass voll mache losse, berichtet ein Bauernjunge (Treibstoff für den Traktor war gemeint). Und dann wirft ein Mädchen ein, dass Saddam Hussein vier Doppelgänger habe. Das schlägt ein! Kugelrunde Augen bekommen die meisten vor Staunen. »Ha jo«, bestätigt ein Kamerad, »fimf Schtick sinn do donne, do mieße sie einer noch 'm ondere verwische, sunsch hen sie ne nit!« Das gibt eine längere Diskussion, bis jemand den Begriff »Heiliger Krieg« der Iraker einwirft. »Was isch denn des?«, wollen gleich mehrere wissen, und dann fliegen die Meinungen wie Pingpongbälle nur so hin und her. »E Krieg isch doch schrecklich!« konstatiert ein sonst sehr zurückhaltendes Mädchen empört, und ein zweites meint: »Heilig isch doch ebbis Lieb's un Schön's«.

»Unterm Tisch isch au daheim«

Von Liebe, Ehe und Familie

Geheiratet wurde in vorindustrieller Zeit vielleicht mit Liebe, aber seltener aus Liebe. So steht es zumindest in den Volkskunden des Schwarzwalds. Geträumt wurde trotzdem von der großen Liebe und geweint, wenn sie sich nicht erfüllen ließ. Zu keiner Erzählung erhielt der badische Volksschriftsteller *Heinrich Hansjakob* so viel mitfühlende Zustimmung wie zu seiner tragischen Liebesgeschichte »*Der Vogt auf Mühlstein*« und dem Lied darin »Auf dieser Welt gibt's keinen größern Schmerz, / als nicht lieben dürfen, was liebt das Herz!« Aber es muss ja nicht immer so traurig ausgehen!

Liebespaare

Im Halbdunkel

Zwei sitzen im Halbdunkel vertraulich zusammen. Er fragt sie: »Was täten Sie sagen, wenn ich Sie fragen täte, ob Sie meine Frau werden wollen?« Sie zögert erst und meint dann: »Das weiß ich noch nicht, aber auf keinen Fall Nein.«

Wie soll ich sie ansprechen?

Der verliebte Sohn klagt der Mutter: »Ich weiß gar nicht, wie ich mein Mädle ansprechen soll, das ich doch so mag.« Die Mutter weiß Rat, zum Beispiel: »Sag halt: Schätzle, wenn ich dich seh, dann brauch ich nix mehr zu essen und zu trinken. Was meinst, wie das hilft!« Am nächsten Tag kommt der Sohn niedergeschlagen zur Mutter zurück: »Es hat gar nix gebracht. Stehen gelassen hat sie mich.« Fragt ihn die Mutter: »Was hast denn zu ihr gesagt?« Der Sohn: »Ha, was du mir beigebracht hast: Mei Mädle, hab ich gsagt, wenn ich dich anguck, dann vergeht mir de ganze Appetit …«

Damit ich wieder schlafen kann

Der Blumenpeter war unsterblich verliebt. Er gestand es seiner Emilie: »Du, ich bin so verliebt in dich, dass ich nachts nimmer schlafen kann.« »Ja wirklich?«, fragte sie ihn gerührt. Er darauf: »Ha ja, ich möchte dich am liebsten heiraten.« Sie zweifelte immer noch ein wenig und wollte sich vergewissern: »Ja warum willst du gerade mich heiraten?« Seine Antwort: »Ha, damit ich wieder schlafen kann.«

Standesgemäß

Alle Verwandten drängen: »Jetzt wird's aber Zeit, oder willsch du ewig ledig bleibe?« Die Mutter vor allem mahnt: »Du könntest dir endlich eine andere suchen, wo dir deine Socken stopft und deine Hemden bügelt, als immer ich, deine Mutter!« Der Sohn darauf: »Recht hasch schon, und ich hätt au schon lang eine gfunde. Aber ich brauch halt eine, die wo mich au standesgemäß ernähren kann.«

Was zählt mehr?

Die erste Frage vor der Heirat: »Wie viel Geld?« Danach erst: »Wie fromm?«

Sie lehnt ab: »Den tät i net nemme, und wenn er en goldene Hindere hät!«

Wie sich alles ändert (von *Karl Kurrus*, einem Breisgauer Mundartdichter)

Dia junge Maidli
Sin friahjer rot wore,
wenn si sich gschämt hän. –
Hit ze tags schäme sich dia meiste,
wenn si no rot were.

Wir sollten doch noch heiraten

Zwei sind seit ihrer Jugend zusammen. So weit sie zurückdenken, waren sie schon immer ein Pärchen. Aber zur Heirat konnten sie sich nicht entschließen. Mal bremste er, dann wieder sie. Eines Abends meint er ziemlich gedrückt: »Du und ich, ich glaub, wir sollten halt doch mal heiraten.« Sie aber: »Ja meinst du? Aber wer nimmt uns denn noch in dem Alter?«

Mann und Frau

»Somit erkläre ich euch zu Mann und Frau!«, sprach der Pfarrer beim kirchlichen Trauritus. »Und was waren wir vorher?«, meinte die Braut.

Ehen haben im Badischen die gleichen Chancen und die gleichen Risiken wie anderswo. Die Scheidungsraten liegen im Bundesdurchschnitt. Vermutlich sind die Ehegeschichten, die man hier zu Lande erzählt, übertragbar wohin auch immer. Chauvinistische Männer gibt es jedenfalls auch hier. Allerdings müssten auch sie *Marc Twain* zustimmen, der auf die – wohl rhetorisch gestellte – Frage »Was wären wir Männer ohne die Frauen?« äußerte: »Selten wären wir, äußerst selten!« Drei von den Chauvi-Sprüchen seien hier doch zitiert:

Den Männern untertan?

Warum sollen Frauen ihren Männern untertan bleiben? – Antwort des Chauvi: »Weil es sich bewährt hat.«

Was ist eine Ehe?

Preisfrage: »Was ist eine Ehe?« – Antwort: »Der Traum des freien Mannes.« »Und was ist Freiheit?« – »Der Traum des verheirateten Mannes.«

Ein Mann, der nachgibt

Ein Mann, der nachgibt, wenn er im Unrecht ist, ist weise. Aber was ist ein Mann, der nachgibt, obwohl er im Recht ist? – »Verheiratet.«

Lachen befreit. Vielleicht auch von einem Schuss Frauenfeindlichkeit! Immerhin werden auch andere Geschichten vom badischen Eheleben erzählt wie die folgenden. Schwer zu entscheiden, wer dabei jeweils besser wegkommt, der Mann oder die Frau.

Hausarbeit

»Wie schön ist doch die Hausarbeit!«, so schwärmt der schlaue Ehemann, »solang ich sie dem Eheweib – alleine überlassen kann!«

Den Arm gebrochen

Der Ehemann hat den Arm gebrochen. Die Frau bleibt bei ihm, während der Chefarzt die Röntgenaufnahme eingehend betrachtet. Besorgt fragt sie: »Herr Doktor, sagen Sie mir die Wahrheit. Kriegen Sie es hin, – dass mein Mann wieder unser Geschirr spülen kann?«

Aus dem Eheleben

Der eine wie der andere

Die verheiratete Frau schüttet der Nachbarin ihr Herz aus. »So leer ist mein Leben, so ganz ohne Liebe...«. »Soso«, wundert sich diese: »Sie haben doch am Hannes so 'nen guten Mann, und am Schorsch so nen guten Freund. Da verlässt sich scheint's einer auf den andern.«

Wie überall gibt es auch von badischen Eheleuten Witze, die ihre Wirkung eher auf Kosten der oder des einen erzielen und nicht von jedermann als lustig empfunden werden. Ein paar Beispiele sollten indes auch davon hier nicht fehlen.

Aus der Heiratsanzeige

»Stimmt das, dass du deine Frau aus der Zeitung hast?«, fragt einer seinen Freund. Der meint: »Ja schon, aber ich glaub, ich tue sie bald wieder hinein.«

Wer Herr im Hause ist

In der Pfalz gibt es die Redewendung: »Ich will emol seen, wer bei uns Herr im Haus is, seecht der sell Mann, der do unterm Tisch gehockt is.« Es heißt aber auch im Badischen: »Unterm Tisch isch au daheim.«

Den Vorhang zuziehen

»Du, ich mein, du solltest, wenn's dunkel wird, doch lieber den Vorhang am Wohnzimmer zuziehen«, rät einer seinem Freund. »Warum denn«, fragt der ihn. »Ha weisch, ich hab gestern obend gsehe, wie ihr zwei, du und dini Frau, binenander uf em Kanapee glege sind, ganz nackig.« »Schwätz doch kein Blödsinn«, entgegnet der Freund, »des kann gar nit stimme. Gestern obend war ich bei der Generalversammlung vom Tierzuchtverein.«

Für's Trinkerheim

Es klingelt an der Haustüre. Zwei aus dem Ort bitten um eine Spende: »Wir sammeln für das Trinkerheim«. »Ja warten Sie nur einen Moment«, erwidert die Frau des Hauses: »Ich geb Ihnen meinen Mann auch gleich mit.«

Auf dem Bahnsteig

Der Jakob trifft seinen Freund Hans auf dem Bahnsteig. Großes Hallo. Die beiden geben einander die Hand. »Mensch, Jakob, du hesch aber e dreckige Pfote«, beschwert sich der Hans. Jakob: »Ja weisch, Kumpel, mei Alte isch ebe abgedampft und verreist. No han ich d'Lokomotiv g'schtreichelt.«

Das junge Fraule

Ein etwas älterer Mann kommt mit einer ausnehmend hübschen, jungen Frau ins Hotel. Der Portier kann es sich nicht verkneifen, seine Bewunderung auszusprechen: »Haben Sie aber mal ein hübsches junges Fraule!« Worauf der Mann entgegnet: »Ja gell, aber daheim hab' ich schon noch e Alte.«

Harald Hurst, der im Odenwald geborene und bei Karlsruhe lebende Mundartdichter, hat viele heitere Geschichten vom Ehe- und Familienleben verfasst, mit Augenzwinkern und voller Verständnis für die Wirklichkeit. Zum Beispiel das folgende »*Liebesgedicht*«:

Ohne dich
Wär des Lebe
Wie'n Zirkus
Der zu het.

Ohne dich
Wär i nix
Bloß en Mann
Der sei Ruh het.

Peter erzählt Hannes einen Witz

Mir fällt grad en Witz oi vunn sellere Fraa, wo schreit: »Hilfe! Hilfe! Isch habb moi Nagelscheer verschluckt!« – Unn de Mann secht ganz ruhisch: »Heer uff zu schreie – kannscht meini hawwe.« – Den kennsch doch sicher aa selber scho? »Näh«, sagt der Hannes, »verzehl ma'n emool!«

»der ledige Stand«

In der Pfalz kann man den Spruch hören:
»Kään schöneres Lewe, als der ledige Stand:
Do stirbt em kää Fraa, un kään Kind wird em krank!«

Familienglück

Erst mit den Kindern wird aus dem Ehepaar eine Familie. Und erst mit Kindern wird das Familienleben so richtig lustig. Oder nicht? Es müssen ja nicht gleich – wie in der Wälderfamilie meines Vaters – neben einer Tochter sieben Söhne sein, letztere alle gut 1,80 m lang, was mein Großvater so zu kommentieren pflegte, er habe nur ein Mädle, aber 14 laufende Meter Buben, was einer Maßeinheit der Holzhauer entsprach. Auch schon die Kleinfamilie schafft Wärme, wie das *Hanns Glückstein*, einer der Pfälzer Mundartdichter, ausdrückte: »Was wär's bei uns daheem so leer, / wenn unser kleener Bub nit wär …«

Aus dem unübertrefflichen Baden-Porträt von *Amadeus Siebenpunkt* mit dem Titel »*Deutschland deine Badener. Gruppenbild einer verzwickten Familie*« sei folgende Familien-Geschichte aus Karlsruhe zitiert:

Der »Babbe« bei der Nudelsuppe

Die Familie sitzt um den Tisch und löffelt Nudelsuppe. Plötzlich fängt der älteste der drei Söhne an zu lachen und zeigt auf den Vater: »Gugg emol, em Babbe (= Papa) hängt e Nudel an d'r Lapp!« Schon hat er eine Ohrfeige weg, und der »Babbe« herrscht ihn an: »Wie heißt des?« »Em Babbe hängt e Nudel am Maul«, sagt der zweite und erhält prompt auch die zweite Ohrfeige. Darauf der Jüngste: »Es heißt: Em Babbe hängt e Nudel an d'r Gosch«, sagt er und zuckt zusammen. »Warum zucksch denn, du Simpel?«, sagt der Vater, »des war doch richtich.« »Ha«, bemerkt der Kleine, »bei dir Arschloch kann mer ja nie wisse!«

Ein Satz mit teils-teils

Die Schulkinder sollen Sätze mit »teils-teils« bilden. Klein Margret schreibt: »Meine Eltern sind teils männlichen, teils weiblichen Geschlechts.«

Weihnachten in schwerer Zeit

Aus der Zeit der Weltwirtschaftskrise nach 1929 stammt eine Versgeschichte, die sich in der Familie eines der vielen badischen Beamten zugetragen haben soll, denen damals das Gehalt drastisch gekürzt wurde, so dass für Weihnachtsgeschenke kein Geld mehr übrig war:

Der Weihnachtsbaum steht öd und leer.
Die Kinder schauen blöd umher.
Da lässt der Vater einen krachen.
Die Kinder fangen an zu lachen.
So kann man auch mit kleinen Sachen
Beamtenkindern Freude machen.

Falsch aufgeklärt?

Die kleine Kathrin kommt weinend vom Spielplatz heim. Die Mutter tröstet die Kleine und fragt, warum sie so traurig sei. »O Mami«, berichtet das Kind, »'s Mäxle und die Marianne, 's Peterle und der Dieter, alle zusamme hat der Storch gebracht, und nur mich allein der liebe Gott. Wie hab ich mich gschämt!«

Familie bei der Verkehrskontrolle

Der Polizist winkt einen Autofahrer zur Seite und zeigt ihm das Stoppsignal. Das Auto kommt erst nach etlichen Metern zum Stillstand. »Können Sie denn nicht anhalten, wenn ich Sie stoppe?«, fragt der Polizist. Der Fahrer: »Wie können Sie vielleicht stoppen, wenn die Bremsen nicht recht tun?« Polizist: »Was, Sie fahren, wenn die Bremsen nicht in Ordnung sind?« Darauf die Frau des Fahrers: »Wissen Sie, Herr Polizist, er erzählt immer so einen Mist, wenn er betrunken ist.« Der Polizist: »Was, betrunken sind Sie auch noch! Zeigen Sie mal Ihren Ausweis!« Der Autofahrer: »Den hab ich nimmer. Den haben sie mir vor drei Wochen weggenommen.« Polizist: »Jetzt reicht's aber. Hopp, ausgestiegen!« Da meint der Bub auf dem Rücksitz: »Siehst du, Vater, ich hab dir ja gleich gesagt, du kommst nicht weit mit dem gestohlenen Auto!«

Was ist besser?

Wehrt sich ein Familienvater gegen den Vorwurf, am Sonntag statt zur Kirche ins Wirtshaus gegangen zu sein: »Besser im Wirtshaus sitzen und an d' Kirch denke – als umgekehrt!«

Im Alter

Am Ende kann man auch in einem langen Ehe- und Familienleben eine Bilanz ziehen. Vielleicht hilft dabei die »*Ansichtssache*«, eine Sammlung von Mundartgedichten von *Johannes P. Scherer*, einem badischen Lehrer aus Karlsruhe. Eine Kostprobe daraus:

Ob ebbes furchtbar werd
Odder fruchtbar,
isch lediglich e frog
von de oischdellung.
Mir müsse
Oigendlich bloß
Die zwoi buchschtabe
R un U richdig juschtiere.
Dann könnte
Selbst
Unsere wüschde
Widder blühe.

Was tätst du machen?

Die Ehefrau fragt ihren Mann: »Du, Frieder, wenn ich jetzt sterben tät, was tätst dann du machen?« Frieder: »Ha denk mal, das Gleiche wie du, wenn ich sterben tät.« Sie: »Ja so was! Schämst du dich denn überhaupt nimmer?«

Umgekehrte Version: Der Ehemann zu seiner Frau: »Ich weiß ja, wenn ich emol sterbe due, dann hieroteschst (= heiratest) du glei wieder en andere.« »Do irrsch du dich«, entgegnet sie, »z'erscht mueß ich mich emol e bissele erhole.«

»Des kammer scho mache!«

Das schon etwas ältere Ehepaar ist zu Bett gegangen. Er legt sich zur Seite und will gleich einschlafen. Sie stupft ihn vorsichtig: »Du, früener hesch mir vor dem Ischlofe no e bizzeli d'Hand g'hobe.«

»Jo, des kammer scho mache«, meint der Mann, hält der Frau eine Weile die Hand und kehrt sich dann wieder auf die Seite um einzuschlafen. Jetzt sagt sein Weib: »O waisch, früener hesch mich vor em Ischlofe no e wenig umarmet.« »Jo, des kammer scho mache«, brummt der Ehemann, legt den Arm um sie und schlüpft bald wieder zurück unter seine Decke. Jetzt probiert sie's noch einmal: »Du, Ma, früener hesch mi im Bett no e bizzeli ins Ohrläppli bisse!« Der Mann steht auf und geht ins Bad. Sie ruft ihm nach: »Ja du, worum gohsch jetzt use?« »Jo waisch«, gibt er zur Antwort, »i gang zum 's Gebiss hole!«

Opa ist 90 geworden

»Da kann er aber stolz sein, euer Opa. 90 Jahre alt ist er geworden, alle Achtung!« – »Ja«, meint der Enkel, »er hat aber auch lange genug dazu gebraucht.«

Der Opa selbst antwortet, als man ihn zum Neunzigsten beglückwünscht: »Wissen Sie, ich fühl mich noch so frisch, grad als wär ich erst neunundachtzig.«

Das Testament

Der Altbauer ist schwer krank. Es heißt, er wird's nicht mehr lange machen. Mit seiner Frau bespricht er das Testament. »Den Hof bekommt der Älteste«, will er diktieren, doch die Frau wendet ein: »Das kannst doch nicht machen, der hat so eine böse Frau.« »Dann kriegt ihn halt der Mittlere«, meint jetzt der Alte. »Auf keinen Fall«, wendet die Frau ein, »mit dem bin ich nie ausgekommen.« »Also gut, dann halt die Tochter«, lenkt der Vater ein. »Da bin ich ganz dagegen«, fängt die Frau wieder an. Jetzt platzt dem Alten der Kragen: »Ja Herrgott Sakrament! Jetzt langt's aber. Stirb ich oder stirbst du?«

Am besten, es stirbt einer von uns

»Weißt du, Alte«, klagt einer seiner Frau, »die Zeiten werden immer schlechter. Am besten tät einer von uns beiden sterben. Dann könnt ich zur Schwägerin nach Freiburg ziehen.«

Im Erbschaftsstreit

Kommt einer mit seinem Rechtsanwalt zum Gerichtstermin in Sachen Erbauseinandersetzung. Wie er sieht, dass die Gegenpartei außer dem Rechtsbeistand noch zwei Zeugen mitgebracht hat, weist er seinen Anwalt an: »So, Herr Doktor, jetzt aber fescht in d'Hose gschtande. De Amtsrichter soll seh, dass wir au keine Luusbuebe sind!«

Die Stunde der Wahrheit

Johann, der Altbauer, liegt im Sterben. Die Schmerzen plagen ihn und noch mehr die Angst vor dem »letzten Gericht«. Seine Sophie schaut nach ihm. Da winkt er sie näher zu sich her und flüstert: »Ich muss dir was gestehen, Frau. Ich hab dich hintergange mit unsere Magd, der Lina.« Seine Sophie erwidert ganz ungerührt: »Jetzt weisch au, warum i dich vergiftet hab.«

Zwei Rezeptionen im Himmel

Die folgende Geschichte stammt aus einer jüdischen Quelle und belegt das besondere Talent der jüdischen Mitbürger zum dialektischen Denken.

Im Himmel gibt es zwei Rezeptionen, eine für alle Männer, die immer auf ihre Frau gehört haben, die andere für alle Männer, die nie auf ihre Frau gehört haben. Ein kleiner Mann stellt sich an der zweiten an. Gefragt, warum er hier stehe, sagt er: »Ich weiß es auch nicht. Meine Frau hat gesagt, ich solle mich hier anstellen.«

Zweideutig

Frage: Was ist ein Junggeselle?

Antwort: Ein Mann, dem zum Glück eine Frau fehlt.

»Vom See bis an des Maines Strand«

Heiteres aus badischen Regionen

Baden ist ein Land der regionalen Vielfalt, ziemlich heterogen und weit auseinander gezogen. Erstreckt sich doch der »badische Stiefel« vom fränkischen Maingebiet bei Wertheim bis zum »Schwäbischen Meer«, gut 300 km von Nord nach Süd, aber von West nach Ost an der schmalsten Stelle sind es keine 30 km: Etwas mehr Embonpoint (= Korpulenz) hätte dem Land schon gut angestanden, pflegte die badische Großherzogin Stephanie, Napoleons Adoptivtochter, zu sagen.

Und doch fühlen sich Badener sozusagen als ein einig Volk, besonders wenn sie gefrozzelt werden, zum Beispiel von den schwäbischen Nachbarn. Überzeugt sind sie, es gäbe nur Badische und Unsymbadische, sonst keine! Nachdrücklich verbitten sie sich, dass man sie »Badenser« nennt, auch mit dem Hinweis, es gebe ja auch keine »Frankfurtser« und keine »Heilbronnser«. Man kann natürlich fragen, wodurch man zum Badener wird. Vielleicht, weil man den Badischen Wein allen anderen Getränken vorzieht? Weil man sein Konto bei der Badischen Beamtenbank hat (sie nennt sich neuerdings nur noch BB-Bank!)? Weil man die Badische Weinkönigin küssen durfte – oder vielmehr: von ihr geküsst wurde? Man könnte auch Mitglied im Badischen Sängerbund sein – oder die Badische Zeitung abonnieren. Das alles macht indes noch niemanden zu einem »einheimischen« Badener. Letzten Endes ist es eine Frage des Bekenntnisses, der Option, und die dürfte so schwer nicht fallen.

Es gibt ja so viele Varianten im Badischen. Der größte Unterschied besteht zwischen den »Unnerlännern« im badischen

Unterland einerseits (Karlsruhe, Kraichgau, Kurpfalz, Badische Bergstraße, Odenwald usw.) und denen im Oberland, etwa von Rastatt oder Baden-Baden ab südwärts mit dem Hoch- und Südschwarzwald, dem südlichem Oberrhein, der Baar, dem Hegau und dem Bodenseegebiet. Von den Alemannen im Oberland sagt man, sie seien bedächtig, aber herzhaft, auf Ausgleich bedacht und darauf aus, nichts zu übereilen. Auf Fahrzeugen mit dem Nummernschild FR (Freiburg und Breisgau-Hochschwarzwald) oder WT (Waldshut) findet man nicht selten das Motto »Nummenithuddle« (= Nichts übereilen bzw. präziser: Niemals vorschnell handeln). Dasselbe Motto haben sich auch die Karlsruher zu eigen gemacht.

Aus der Kurpfalz

Im badischen Unterland, zumal in der Kurpfalz, sind die Leute schneller beim Wort. Sie reden viel, aber halten nicht alles, so wird ihnen zuweilen vorgeworfen. Der Pfälzer ist nach dem Urteil einer badischen Landeskunde aus dem Jahre 1912 »rührig, rasch in der Auffassung, redselig, schlagfertig, witzig und verständig, empfänglich für Fortschritt und Verbesserung, aber auch für fremdes Wesen, beweglich in Sitte und Staatsleben, mehr materiell in seinem Streben und weniger heimatliebend als der Alemanne.« Die Menschen hier in der Pfalz kommen rasch mit Fremden ins Gespräch, halten mit ihrer Meinung nicht hinterm Berg und können frisch von der Leber weg »babbeln«, wie ihnen der Schnabel gewachsen ist. Echte Pfälzer erkennt man leicht an ihrem Dialekt. Da heißt es: »In der Palz geht der Parrer mit der Peif in die Kerch.« Die ehemalige Kurpfalz reichte weit westwärts über den Rhein; nur der rechtsrheinische Teil, der etwa 40 % der Kurpfalz ausmachte, war 1803 badisch geworden. Der andere Teil lebt im heutigen Bundesland Rheinland-Pfalz weiter. Die Mundartdichterin *Lina Sommer* sang von ihrem »*Pälzer Ländche*«:

‘S gebt kän schäner Ländche,
‘s gebt kän liewer Ländche
als die klän, die goldig Palz am Rhein,
wo der Wein so munner
rutscht die Gorgel nunner.
Ei, wer möcht nit gern e Pälzer sein,
wo mer mit der Gawwel
in sein Pälzer Schnawwel
schtobbt die Lewwerknöpp mit Koppsalat,
wo mer Hoppe zobbe
un die Peife schtobbe,
un die Knackwärscht schmecke delikat!

Schlagfertig sind sie allemal in der Pfalz, insbesondere die Mannemer, die Bewohner der Stadt, die von 1720 bis 1777 Residenz der Kurfürsten von der Pfalz war und die im 19. Jahrhundert zur bedeutendsten badischen Industriemetropole heranwuchs. Vermutlich kam so die Meinung in Mannheim auf: »Mir sin zu nix annerem do als for zu profidiere!« Hier ist man jedenfalls schlagfertig und gar nicht zimperlich. Eine rechte Frau braucht »Sülz im Korsett«, sagt man hier, und wer sich was einbildet, hat »Ferz im Kopp«. Ein etwas älter gewordenes Fräulein antwortete auf die Frage des Arztes, ob sie die Pille nehme: »Ach, Herr Dokter, warum soll ich en Schirm uffschpanne, wann's net regnet?«

Als legendärste Figur des Pfälzer Humors gilt der *Blumenpeter* aus Mannheim. Übrigens ein wirklicher Blumenverkäufer namens Peter: »Kläh vunn Wuchs, kaum greeßer wie'n Meter; gerisse wie'n Fuchs, war unser Blumenpeter …« So reimte einer seiner Verehrer. Wie er ausgesehen hat, zeigt die S. 96 abgebildete Figur vom Blumenpeter-Brunnen in Mannheim. Von dem Mutterwitz der Mannemer, den der Blumenpeter verkörpert hat, konnte man in den bisherigen Kapiteln bereits etliche Beispiele kennen lernen. Hier sollen noch drei weitere Proben folgen:

Fortschritt

Karle berichtet dem Peter: »Moinere Fraa ihr Freundin kennt die Butzfraa vumme Professer; die hott 'ere mool verzeehlt, dass der in seim Labor 'n Rollmops middere Eidechs gekreizt hett, unn dann hett's e Ringelnadder gewwe.« »Des is noch garnix«, übertrumpft ihn Peter, »mein Unkl is Schoffeer, der hot emool 'n Laschtwaache middere Lokomodif gekreizt, – do hott's e Beerdichung gewwe.«

Vom Verkehr

Hannes schildert den Verkehr in der Großstadt: »In New York, zum Beischbiel, wird alle fimf Minudde 'n Mann vumme Audo iwwerfahre.« Peter staunt: »Der weeß awwer owends, was er g'schafft hott!«

Im falschen Zug

Peter will nach Heidelberg und steigt aus Versehen in den Schnellzug. Als der Schaffner die Fahrkarte kontrolliert, stellt er fest: »Sie brauchen einen Zuschlag für den Schnellzug.« »Des deed Ihne so basse«, schimpft Peter erbost, »saache Se norr Ihr'm Lokomotivführer, er soll ruhisch langsam fahre, mir bressiert's net!«

In Heidelberg

Die ursprüngliche Keimzelle der Pfalz bildete Heidelberg mit dem Residenzschloss der Kurfürsten hoch über dem Neckar, das die Franzosen 1693 sprengten und das dann 200 Jahre später auf Betreiben wiederum eines Franzosen in der heutigen Form wiederhergestellt wurde. Selbstbewußt soll einer der Fremdenführer sich den Gästen vorgestellt haben: »Ich bin drowe firs Schloss des, was hier unne fir die Universidät die Professore sin.« Diese Universität, die älteste auf deutschem Boden, war so etwas wie die Mutter der deutschen Romantik, aber ebenso auch die Quelle vieler Trinklieder. Vom trinkfreudigen Kurfürsten Friedrich singt man noch heute das Lied mit dem Kehrvers: »Wie kam gestern ich ins Nest? Bin mal wieder voll gewest ...!« In Heidelberg hat *Scheffel* seinen »Gaudeamus« geschaffen mit Geschichten wie der vom »Enderle von Ketsch« mit den Versen:

Ott'Heinrich, der Pfalzgraf bei Rheine,
der sprach eines Morgens: »Rem blem!
Ich pfeif'auf die sauren Weine,
ich geh'nach Jerusalem ...«
Und als sie lagen vor Joppen,
da faltet der Kanzler die Händ:
»Jetzt langt's noch zu einem Schoppen,
dann sind die Ducaten zu End'!«

Ein Pfälzer Schoppen fasst im Unterschied zum badischen Viertele einen halben Liter! Ob die folgende Geschichte von einem Heidelberger Studenten oder einem Bürger der Stadt stammt, sei einmal dahingestellt.

Wie viele Beulen am Kopf?

Traf einer auf dem Heimweg vom nächtlichen Zechgelage einen Passanten, hielt ihn an und fragte: »Wie viele Beulen habe ich am Kopf? Können Sie's mal zählen?« »Vier sind's.« »O, dann kommen nur noch zwei Laternen, bis ich daheim bin.«

'S Liselottche

Als Klassiker unter den Vertretern des Pfälzer Humors gilt bis heute *Paul Münch*, vor allem mit seinem Werk »*Die pfälzisch Weltgeschicht*«. Folgende Strophen stammen aus dem »*'S Liselottche*«, der Geschichte von der berühmten Liselotte von der Pfalz, der Schwägerin Ludwigs XIV. :

'S is, wann ich recht weeß, ungefähr
So zwee e halb Johrhunnert her,

Do war im Heidelberger Schloss
E Mädche, hibsch als wie e Ros'
Un lieb un nett un froh un flink
Un luschtig wie e Dischtelfink,
E herzig bravi, liewi Krott:
Un das war Pfalzgrafs Liselott.
Un an sell Mäd' hat sich e Ferscht
Aus Frankreich driwe angeperscht.
Doch 's Liselott hat glei gedenkt:
»Den nemm' ich nit – Nit for geschenkt!«
Ehr Vadder awer hat gesa't:
»Der wird genomm! Denn unser Staat,
Der braucht e Heiratsbolidik,
Weeß Gott! Du machscht de Palz ehr Glick.«

Do hat das Mädche sich bezwung
Un 's Opper for ehr Palz gebrung...

Im Odenwald

Nördlich von Heidelberg reicht Baden bis Wertheim »an des Maines Strand«. Reich an Reiz und Vielfalt ist auch dieser Teil des Landes im Dreiklang von Taubergrund, Bauland und Odenwald. Als »Badisch-Sibirien« gelten diese Landesteile, weil sie vom Zentrum weit entfernt liegen. Der Humor im äußersten Nordbaden klingt ein wenig herber als der im weltläufigen Heidelberg. Drei Beispiele dafür:

Der Husten

Kam ein älterer Forstarbeiter im Odenwald zum Arzt und klagte: »Herr Doktor, ich glaab, ich laaf uf mei letzte Fieß. Ich hab do so'n bähse Huuschte, der bringt mich noch um.« Der Medizinalrat kannte seinen Patienten und antwortete: »Ach mei Lieber, sein Se mol ganz zufriede: Es gibt zwaaerlei Huuschte. Der aane kommt vom Saufe, und de annere – den hawe Se net; mache Se sich da nur kaa Sorge!«

Für den Himmel bestimmt

Die alte Babett kam ins Kloster Bronnbach um zu beichten. Sie trug dem Pater ihr Sündenregister vor und fragte ihn besorgt, ob sie damit noch in den Himmel komme. Er forderte sie schließlich auf, ihr mal ihr »Maul« zu zeigen. Nach einem Blick in den zahnlosen Mund des alten Weibchens tröstete er sie: »Ohne Zähne seid Ihr für den Himmel bestimmt, denn in der Bibel steht geschrieben, in der Hölle wird Heulen und Zähneknirschen sein.«

»Jetzt kann ich wieder laufen!«

In Walldürn soll es passiert sein, dass nach dem Wallfahrtsgottesdienst ein Mann draußen laut rief: »Jetzt kann ich wieder laufen; o, jetzt kann ich wieder laufen!« Die Leute strömten zusammen und staunten: »Ein Wunder, ein Wunder!« Der Mann aber schimpfte: »Jetzt kann ich wieder laufen; mir habe se des Fahrrad gestohle!«

Von der einstigen Landeshauptstadt

Im Mittelbadischen bildet Karlsruhe in jeder Hinsicht das Zentrum der Region. Die Stadt soll ihre Gründung nicht zuletzt der Tatsache zu verdanken haben, dass der Markgraf Karl III. Ludwig 1715 seine Ehefrau Magdalena Wilhelmine von Württemberg lieber im nüchternen Durlacher Schloss allein ließ, um sich in seinem neuen Jagdschloss Carolsruhe mit seinen Tulpenmädchen zu vergnügen. War er doch, wie es in einer alten Badischen Geschichte heißt, »bei Frauen sehr beliebt und auch seinerseits dem Reize des weiblichen Umgangs in höherem Maße geneigt, als mit der Würde des fürstlichen Berufes vereinbar war.« Was dem badischen Markgrafen offenbar zur Lebenslust gereichte, hat seine schwäbische Gattin in pietistischer Demut als gottgewollten Lustverzicht ertragen. 1952 hat Karlsruhe seine Rolle als badische Landeshauptstadt endgültig verloren, behielt aber mit der Universität die älteste Technische Hochschule Deutschlands, wurde mit dem Bundesverfassungsgericht zum Vorort der Dritten Gewalt im Staat und wollte sogar mit seinen vielen Museen und Kunststätten zur Kulturhauptstadt Europas werden.

»Noch nicht, Herr Bundespräsident«

Aus Anlass des 250jährigen Bestehens der Stadt besuchte 1965 Bundespräsident *Heinrich Lübke* Karlsruhe. Der damalige Oberbürgermeister *Günther Klotz* hielt eine begeisternde Ansprache. Lübke ließ in seiner Erwiderung »Baden-Württemberg und seine Landeshauptstadt Karlsruhe« hochleben, womit er ein »glucksendes Lachen im Saal« auslöste; der Oberbürgermeister bedankte sich für »die prophetischen Worte« und meinte: »Noch nicht, Herr Bundespräsident, noch nicht!«

Langjährige Ministranten

Der populäre Oberbürgermeister Klotz nannte sich einen »zufällig in Freiburg geborenen Karlsruher« und hielt – gut badisch – viel auf das Einvernehmen der Konfessionen wie auch auf den Grundkonsens der Parteien. Bei einem Besuch des Freiburger Erzbischofs stellte er dem Gast eine Schar katholischer Mitarbeiter vor, die alle in ihrer Jugend langjährige Messdiener gewesen seien. »Und was sind die Herren heute?«, fragte der Erzbischof, der sich sehr erfreut zeigte in der Annahme, treue Christdemokraten vor sich zu haben. »Alles gestandene Sozialdemokraten«, war indes die Antwort des Oberbürgermeisters.

Gelbfüßler

Badener werden häufig Gelbfüßler, je nach dem Dialekt auch »Gealfießler« oder ähnlich genannt. Das gilt nicht zuletzt für die Karlsruher als Bewohner der ehemaligen badischen Residenz. Herzuleiten ist die Bezeichnung vom vorherrschenden Gelb im badischen Landeswappen, das nicht gold-rot-gold, sondern eben gelb-rot-gelb leuchtet. Eine andere Version für die etymologische Herkunft des Namens lautet so: Karlsruher kauften Eier, ein ganzes Fass voll, zu einem Pauschalpreis. Um möglichst viele Eier in dem Fass unterzubringen, traten sie die Eierschalen mit den Füßen entzwei – und so wurden sie halt zu Gelbfüßlern.

Der bei Karlsruhe lebende Mundartdichter *Harald Hurst* versteht es, das Alltagsverhalten der Leute sehr genau und knapp in seinen Versen zu beschreiben, zum Beispiel so:

»flirt«
sie guckt
ob i guck
aber i guck net

i guck
ob sie guckt
aber sie guckt net

aber irgendwie
habe mer
uns gucke g'seh

»sonndagsnachmiddags«
sonndagsnachmiddags
wenn d'sonn scheint
geh'n mer schpaziere
wie d'anere leut a

dann gucke mer
wie d'anere leut gucke
wie mer schpaziere geh'n
wie d'anere leut a.

Flanieren kann man übrigens in den Badeorten des Landes noch schöner als in Karlsruhe. Besonders gern in Baden-Baden, zu Füßen der Ruinen jener Burg, die einst dem Geschlecht der badischen Markgrafen und Landesfürsten den Namen gab. Die Burg wiederum hatte den Namen von der römischen Bäderstadt Aquae übernommen. Seit dem frühen 19. Jahrhundert stieg Baden-Baden zum Weltbad auf. Allenthalben trifft man hier noch heute auf die »*Sommerfrischler*«, die *Erich Weinert* so hübsch karikiert hat in Versen wie diesen:

Leute wandeln schweigend durch die Stille
Der Verschönerungsvereinsidylle,
Die auf imitierten Birkenbänken
Sich mit Andacht in die Landschaft senken...

Im Breisgau

Kommen wir ins Südbadische, bildet Freiburg im Breisgau das Zentrum. Hier trifft man auf die alemannische Mundart, meist in einer Version, die man als Honoratiorenalemannisch bezeichnen kann. Wie die Leute in der Ortenau besitzen auch die Breisgauer – dem Urteil eines Landeskenners aus alter Zeit zufolge – ein »aufgewecktes, heiteres Wesen« beziehungsweise »ein etwas leichteres und üppigeres Geblüt«, das nicht zuletzt den hier so wohl gedeihenden Reben zu verdanken sei. Was die Alemannen allgemein kennzeichnet, sehen viele immer noch in *Johann Peter Hebels* »*Alemannischen Gedichten*« verewigt. Auch heute noch zitiert man in Freiburg gerne seine Verse:

Z'Fryburg in der Stadt
suufer isch's un glatt;
riichi Herre, Geld un Guet,
Jumpfere wie Milch un Bluet,
z'Fryburg, z'Fryburg, z'Fryburg in der Stadt.

Ausgerutscht

Bei Glatteis ist einer auf dem Freiburger Straßenpflaster ausgerutscht und auf dem Boden gelandet. Kommt einer vorbei und hilft ihm wieder auf die Beine. »Das isch aber nett von Ihne. Wie soll ich des wieder guet mache?«, fragt der »Gestrauchelte« und erkennt jetzt erst, dass es der Oberbürgermeister persönlich war, der ihm aufgeholfen hatte. Dieser meint im Spaß: »Gar net. Aber Sie könne mir ja bei der nächsten Wahl Ihre Stimme geben.« Worauf der entgegnet: »Nai, nai. Ich bin doch uf de Arsch g'heit und nit uf de Kopf!«

»Suufer isch's«

An einer Bahnhofstoilette hängt ein Schild: »Zwecks Benutzung den Schlüssel am Kiosk erbitten.« Darunter hat einer geschrieben: »In besonders dringenden Fällen wenden Sie sich bitte an die Deutsche Bahn AG, Karlsruhe, Tel. 0721/9383330.«

An der Kinokasse

Freiburg hat ein großes Kinopublikum. Kauft ein Mann zum dritten Mal hinter einander an der Kinokasse eine Eintrittskarte. Wundert sich die Kassiererin: »Sie haben doch bereits zwei Karten gekauft.« Er darauf: »Ja, schon, aber beide hat der Typ am Eingang zerrissen.«

Nicht mein Hund

Es gebe viel zu viele Hunde in der Stadt, beschweren sich manche Freiburger. Eine Frau auf dem Gehweg, ein Hund läuft hinter ihr her. Ein Polizist will die Frau anhalten und fordert sie auf, ihren Hund an die Leine zu nehmen. Die Frau geht weiter ohne zu reagieren, er hinter ihr her: »Das kostet 10 Euro Strafe!« Sie erwidert: »Des isch gar nit mei Hund.« Er: »So! Und warum läuft er dann Ihnen nach?« Darauf die Frau: »Sie laufet ja au mir nach und sind nit mein Hund!«

Manche Redewendungen, die man im Südbadischen liebt, lassen wohl etwas von der Gemütslage der Bevölkerung durchschimmern, so wenn man negativ überrascht meint »O letz am Bändel«, oder wenn jemand gutmütig ablehnt mit dem Ausdruck »Hä aber nai« oder wenn jemand etwas konsterniert feststellt »Wie kam mer aber au«. »Heieieiei« sagt man, wenn etwas schief ging; und wenn jemand einen anderen »am Sail nablosse hät«, darf er sich nicht wundern, wenn der ihn einen »Lumpeseckel« oder einen »Kuhsimpel« schimpft. Ob die folgenden Ausdrücke als Beschimpfung gemeint sind oder als harmlose Übertreibung, hängt vom Tonfall ab: »Du Hamballe«, »du bisch en Schürebürzler«, »en Latschari«; »sei kein Düpfelischisser« oder »Chümispalter« (= Pünktchenscheißer und Kümmelspalter, also Kleinigkeitskrämer). Die Liste der Kraftausdrücke und der Schimpfnamen ließe sich schier endlos verlängern.

Von dem *Baron Franz von Neveu*, »Franzele« genannt, werden manche Anekdoten in Freiburg erzählt. So soll er im »Oberkirch« am Münsterplatz am Sonntagmorgen, sparsam wie er trotz seines großen Grundbesitzes war, eine Knackwurst bestellt haben. Der Kellner darauf: »So was führen wir nicht.« Meinte unser »Franzele«: »Solange es in einem Spitzenlokal am Münsterplatz keine Knackwurst gibt, wird Freiburg noch lange keine Großstadt!« Im Zug bat ihn eine Frau, die ihm im Abteil gegenüber saß: »O, Herr Baron, würde Sie nit 's Fenschter zumache; 's isch so kalt drauße.« Der Franzele, ganz Kavalier, stand auf und riss mit einem kräftigen Ruck das Fenster hoch. Dann setzte er sich wieder an seinen Platz und sagte: »Meine Sie, 's isch jetzt weniger kalt drauße?«

Feuer im Theater?

Der Theaterdirektor inspizierte die Feuerschutzeinrichtungen der neuen Bühne; er machte sich Sorgen, was passieren würde, wenn da mal Panik ausbräche. Er fragte den Feuerwehrmann, der ständig hinter den Kulissen Wache zu halten hatte: »Was haben Sie zu tun, wenn auf der Bühne Feuer ausbricht?« Die Antwort war: »Nix wie raus, Herr Direkter!«

»Wege dere verdammte Uffhängerei!«
Ein Bächleputzer – einer, der die berühmten Straßenbächle in Freiburg zu reinigen hatte – war des Lebens überdrüssig und wollte sich an einem Baum am Ufer vom Waldsee erhängen. Doch der Ast war morsch und krachte. Der Mann fiel ins flache Wasser und kroch mühsam heraus. Und schimpfte: »Wege dere verdammte Uffhängerei wär ich jetzt beinah no versoffe!«

Die Seehasen

Für die »Seehasen« am Bodensee gilt mehr noch als für die Leute im Breisgau, dass sie, wie es in einer alten Landeskunde heißt, »etwas Helles und Sanftes« im Gemüt haben und dass sie »getreu an ihrer Kirche hängen, aber nicht mit köhlerhafter Beschränktheit«.

Konstanzer Konzil
Konstanz, das bis 1827 Bischofsstadt war, erlebte von 1414 bis 1418 die größte Kirchenversammlung des Mittelalters. Wie freizügig die Geistlichkeit damals den weltlichen Verlockungen folgte, demonstriert Peter Lenk mit der »Imperia« am Eingang zum Konstanzer Hafen. Als Chronist der Lebensfreude jener Zeit hat *Oswald von Wolkenstein* in vielen Gedichten von den Freuden in der Stadt berichtet, so z. B. in folgenden Versen:

Manch holde Frau, wie Engel licht,
voll Adel, in der Schönheit Glanz
hat sich geschmiegt an mich, so dicht,
dort in der »Katzen« bei dem Tanz,
dass ich es nicht vergessen kann...
»Ja, Lust und Frohsinn findet man
Fürwahr zu Konstanz mannigfalt.«

(»Zur Katz« hieß ein Konstanzer Zunft- und Gasthaus.)

»Haben es unsere Frauen schön!«

Am Bodensee gibt es Gasthäuser wie Sand am Meer. Und fast jedes hat seinen Stammtisch. Sitzen da die Stammtischbrüder bis tief in die Nacht beim Zechen und Räsonieren, und einer meint: »Hont's doch üsere Fraue schön. Mir mönd allewiel bis um zwölfe im Wirtshus hocke, und die könnet deheim scho lang schön schloofe.«

Ziemlich albern, aber was soll's! Man hält sich an das Motto »Lieber die Frau verlieren als einen Gag verpassen!«

Eine Vornehme?

Konstanzerinnen gelten als nicht uneitel. Es klingelt an der Tür. Die Haushaltshilfe schaut nach, wer es ist und meldet: »Eine Dame möchte Sie sprechen.« »Eine vornehme?«, fragt die Hausfrau leise. – »Nein, nur so eine wie Sie.«

Die »Seegfrörni«

In den ersten Monaten des Jahres 1963 hatte eine dicke Eisschicht große Teile des Bodensees überdeckt: die »Seegfrörni«. Ein Konstanzer kam im Sommer danach in den Schwarzwald, um seine Verwandten zu besuchen, und erzählte davon: »Bei uns war sogar der Hafen dreimal zugefroren.« Worauf die kleine Nichte, die an den Nachthafen (= Nachttopf) dachte, mitleidig meinte: »Ja, henn ihr denn so e kchaalt's Schlofzimmer?«

Aus dem Hotzenwald

Zum südlichen Schwarzwald gehört der »Hotzenwald«. Diese Region galt zu Recht bis in die Zeit nach dem Zweiten Weltkrieg geradezu als Notstandsgebiet. Die Wälderbauern waren entsprechend arm und von ziemlich rauer Art, aber wie es in einer badische Landeskunde schon vor 150 Jahren heißt, auch »eigentümlich witzig, so dass sie mit wenigen trockenen Worten die treffendsten Anspielungen machen.«

»Gang züsle, Opa!«

Als im 19. Jahrhundert endlich die Feuerschutzversicherung eingeführt wurde, nahmen manche Wälderbauern, deren Hof dringend erneuert werden sollte, Zuflucht zum »Hotzenblitz«. Mit einem geschickt arrangierten Mechanismus ließ man bei einem Gewitter, während die Familie auf dem Feld war, einen brennenden Kerzenstummel ins Heu fallen, damit der Hof niederbrannte. So rief ein Büble bei der Heuernte dem Großvater zu: »Gang heim zum Züsle, Opa, es dunnderet scho!«

»Der het's welle«

Ein Maurergeselle stand vor Gericht, weil er einen Kollegen aus dem Fenster geworfen hatte. Auf die Frage des Richters, warum er das getan habe, war seine Antwort: »Der het's welle!« Der Richter: »Das kann doch nicht sein. Schildern Sie, wie es wirklich war!« Der Angeklagte: »Doch, Herr Richter. Der hat mich alleweil geärgert. Do han ich em gedroht, dass ich en mit em gschtreckte Arm zum Fenschter nuus halt. Er het witer gmacht, und do han ich en packt und nuus ghalte. No het er brüelet: ‚lass mi los, lass mi los!' Un deno han i em der Gfalle gmacht.«

Am Karfreitag

Kam eine Hotzenwälderin, die in die Großstadt geheiratet hatte, nach Jahrzehnten in ihr Heimatdorf zu Besuch. Es war in der Karwoche. Am Karfreitagnachmittag wurde mit Rätschen und Klappern zum Gottesdienst »geläutet«. Die Frau fragte eine Einheimische auf der Straße: »Warum machen die das?« Die erklärte ihr: »Heut' isch doch der Heiland gestorben, am Karfreitag. Und da wird er ins Grab gelegt.« Sie: »Ach so, der Heiland. Aber der ist doch nicht von hier – oder?«

Glück gehabt

»Es hätte noch viel schlimmer kommen können«, meinte nachdenklich ein Wälderbauer, dessen rüstiger Nachbar beim Sturm von einem Baum erschlagen wurde. »Wär es zwei Wochen früher passiert, dann hätt’s mich getroffen!«

Am Bahnschalter

Ein Hotzenwälder verlangt am Bahnschalter in Bad Säckingen eine Fahrkarte nach Laufenburg. Der Schalterbeamte fragt ihn: »Bloß hin?« Der Mann guckt ratlos, der Beamte wiederholt seine Frage »Bloß hin?«, worauf der Hotzenwälder meint: »Wohin soll i denn bloose?«

Komm, geh mir fort!

Es ist nicht leicht, den verwinkelten Gedankengängen eines echten Schwarzwälders zu folgen. *Gerhard Jung* hat ein Beispiel in dem Gedicht »*Chumm un gang*« aufgezeichnet, das wir dem einfacheren Verständnis zuliebe mit einer »Übersetzung« hier wiedergeben:

chumm, gang mer eweg!	Komm, geh mir fort!
gang, chumm mer nit so!	Geh, komm mir nicht so!
du chunnsch mer grad recht,	Du kommst mir gerade recht,
we mer chrumm wit cho.	wenn du mir krumm kommen willst.
vu mir uus	Meinetwegen
chumm gang doch.	geh doch.
‘s chunnt alles, wie’s mueß.	Es kommt alles, wie es kommen muss.
wenn gohsch, chunnt’s nit besser.	Wenn du gehst, kommt es nicht besser.
chumm gang halt un tue’s,	Auf, geh halt und mach es,
gang, chumm halt e bizzli,	geh, komm halt ein wenig,
gang, chumm un bliib do.	auf, komm und bleibe hier.
chumm gib mer e schmützli,	Komm, gib mir ein Küsschen,
no würd’s wider goh.	dann wird es wieder gehen.

»Baden deine Württemberger«

Vom Schwabenbild im Badischen

Die schlauen Leser (wer also nicht!) haben gleich die Anspielung in dieser Überschrift an die bekannte Buchreihe erkannt, in der auch die Bände »*Deutschland deine Badener*« von *Amadeus Siebenpunkt* und von *Taddäus Troll* »*Deutschland deine Schwaben*« erschienen sind. Beide Autoren, der Stuttgarter Bayer wie auch der Karlsruher Dörrschuck, haben sich hinter Pseudonymen versteckt, auf die man erst mal kommen musste! Dabei erscheint der Name »Thaddäus Troll« des Schwaben noch ein wenig hintersinniger als der eher badisch-heiter klingende Name »Siebenpunkt«, alias Hubert Dörrschuck. Beide sind Meister des Humors gewesen, und gelegentlich wird auch in dieser Anthologie auf sie zurück gegriffen.

Badisches Misstrauen

Wer im Badischen einen Witz über Schwaben macht, hat die Lacher allemal auf seiner Seite. Da mag ein wenig Neid auf die tüchtigen Schwaben im Spiel sein, die nach eigener Werbung »alles können außer Hochdeutsch«, vielleicht auch ein bisschen Rivalität. Aber zum einen ist hier zu Lande nichts so todernst gemeint, schon gar nicht bei den Schwabenwitzen. Und zum andern gilt für die Beziehung der beiden Teile im Bindestrichland Baden-Württemberg im Grunde schon immer: »Was sich liebt, das neckt sich auch.« Es war gewiss keine reine Liebesheirat, bei der sich die beiden 1952 vermählten, aber auch keine feindliche Übernahme. Am Ende erwies sich die Vernunftehe als Gewinn für beide. Zuweilen wird in Stuttgart die badische Braut als die »bessere Hälfte« anerkannt, und selbst Freiburger wollen und können inzwischen gute Baden-Württemberger sein. Das war nicht immer so.

»Sie sind doch befangen!«

Im (süd-)badischen Landtag, der in der damaligen Landeshauptstadt Freiburg tagte, wollte im Zuge der Länder-Neugliederungsdebatte 1950 ein Abgeordneter zur Sache Stellung nehmen und gestand, er sei selbst seit 30 Jahren mit einer Schwäbin verheiratet, worauf ihm ein Kollege zurief: »Seien Sie bloß ruhig, Sie sind doch befangen!«

Von Leo Wohleb

Leo Wohleb war Staatspräsident des »Pays Bade«, jenes südbadischen Teilstaates, der von der französischen Besatzungsmacht geschaffen war und der sich als »Treuhänder« ganz Badens verstand bzw. deklarierte. Er pflegte »seine lieben badischen Landsleute« (so nannte er sie gerne) immer wieder zu warnen: »Willst du meiden Streit und Ärger – Traue keinem Württemberger!«

»Wohne do au Mensche?«

Wer Badener über Schwaben reden hört, könnte manches Mal meinen, es würde sich um zweierlei Gattungen Mensch handeln. Es gibt die Geschichte von dem badischen Vater, der mit seinem kleinen Sohn an der badisch-württembergischen Grenze spazieren ging und ihm das Land da drüben zeigte. Da fragte der Bub: »Ja Vadder, sag emol, wohne do denne au Mensche?« Worauf der Vater antwortete: »O Bueb, lass uns nit ins Grüble komme!«

Von Joseph Wirth

Der in Freiburg geborene und hier zum Staatsmann gereifte Politiker *Joseph Wirth*, der es in der Weimarer Zeit zum Reichsfinanzminister und sogar zum Reichskanzler brachte, erzählte folgende Geschichte:

Bei Freudenstadt wurde bei Ausgrabungen ein Skelett gefunden, bei dem sich die Gelehrten nicht einig waren, ob es keltischen oder alemannischen Ursprungs sei. Schließlich wurde ein Spezialist aus Berlin herbei geholt, und der konnte die Knochenreste eindeutig einem Schwaben zuschreiben mit der Begründung, die Ellenbogen seien nämlich sehr stark, ja übermäßig kräftig ausgebildet.

Die Donauversickerung

Dem anatomischen Hinweis auf die Bedrohlichkeit der Schwaben fügte Wohleb auch einen Beweis aus der Geographie hinzu. Selbst die Donau, so meinte er, zeige einen solchen Widerwillen gegen die schwäbischen Nachbarn, dass sie just an der Stelle, wo sie vor Tuttlingen württembergisches Gebiet erreichte, in den Boden versinke und ins badische Aach im Linzgau flüchte, um dann zu »unserem« Bodensee zu fließen.

Aus der Südweststaats-Kampagne

So genannte Altbadener kämpften 1950/51 publizistisch auf vielfältige Weise gegen die Fusion der damaligen drei Länder Württemberg-Baden, Württemberg-Hohenzollern und (Süd-)Baden. Am Bodensee, wo man die Bezeichnung »Schwäbisches Meer« als Beleidigung zurückwies, wurde gesungen: »Vom See bis an des Maines Strand, / erstreckt sich iser Badner Land. / Es Muschterländle duet mer's nenne; / jetzt wend's iis d'Wirteberger nämme!« Ein Altbadener soll erklärt haben, wenn es im Himmel auch Württemberger gäbe (auch »Wüschteberger« genannt), so wolle er doch lieber in die Hölle. »Wach auf, du bad'scher Schläfer, sonst fressen dich die Schwabenkäfer!«, wurde gereimt. Und in einer Parodie auf das Lied von der »Schwäb'sche Eisebahne« sang man: »Die Moral von der Geschicht', / baut auf den Südweststaat nicht. / Denkt an euer Heimatland / und stimmt nur für's Badnerland!« Misstrauen kam in der häufig geäußerten Überzeugung zum Ausdruck »En Schwob bliebt en Schwob!«, was natürlich – ein Schelm, der anderes denkt! – keinerlei Wertung enthielt.

Ziemlich infam

Im Herbst 1951 lag der (süd-)württembergische Ministerpräsident Gebhard Müller mit einer Magengeschichte in der Freiburger Universitätsklinik. Wohleb besuchte den Kollegen und brachte ihm eine Flasche Schwarzwälder Kirsch, wohl wissend, dass der Magenkranke den jetzt nicht trinken könne. Dem zuständigen Chirurgen empfahl Wohleb: »Gell, den lasse Sie aber nicht so schnell heim!«

Schwäbisches Selbstbewusstsein

Die Ängste der Badener vor ihren östlichen Nachbarn waren natürlich ganz unbegründet. Oder doch nicht? Immerhin gibt es schwäbische Geschichten, die schon ein gewisses »Eroberungsstreben« und ein gehöriges Maß an Selbstbewusstsein bei Württembergern erkennen lassen. Stolz sind sie nicht nur auf Tübingen, das in der Zeit um 1800 als »Residenz des Weltgeistes« galt – wegen der damaligen Ansammlung einzigartiger Talente im »Tübinger Stift«. Immerhin gibt es im Badischen einen »Geniewinkel« in und um Messkirch, dem Geburtsort von Heidegger, Gröber und Welte, der hier zu Lande viel bescheidener »vermarktet« wird! Ganz allgemein pflegen jedenfalls Schwaben von sich selbst zu sagen: »Mir wellat ons jo net selber loba, aber älle Achtung vor ons!«

»Aber von Sindelfenga«

Als Kolumbus seinerzeit bei der Ankunft in der Neuen Welt die ersten Indianer sichtete, rief einer der Matrosen den Inselbewohnern zu: »Isch koiner vo Beblinga do?« Und er bekam promt die Antwort: »Noi, aber vo Sindelfenga!«

»Erscht mit 40«

Einer der bekanntesten Leitsätze »entlarvt« etwas von schwäbischer Lebensart, sich nämlich bescheiden zu geben, aber nur zum Schein: »En Schwob wird erscht mit 40 g'scheit; / die andern – net in Ewigkeit!«

Ein schwäbischer Globus

Ein Schwabe möchte sich einen Globus kaufen. Er lässt sich im Fachgeschäft verschiedene Ausführungen zeigen: große, mittlere, beleuchtete und andere, schließlich ein Prachtstück. Alles ist darauf zu sehen: Afrika, Amerika, Asien, Australien und natürlich Europa, alles ganz genau. Schließlich meint der Kunde: »Ha so viel bräucht ich jo gar nit. Mir dät oigentlich oiner von Württemberg lange.«

Von den »tapferen Schwaben« werden widersprüchliche Geschichten erzählt. Die Mär von den »Schwabenstreichen« der »*Sieben Schwaben*« überlieferten die *Gebrüder Grimm* folgendermaßen: Die Sieben Schwaben wollten mit einem langen Spieß gegen einen Drachen vorgehen, hielten aber vor lauter Angst schon einen Hasen für das Untier, gegen das nun ein jeder jeweils den nächsten, der in der Reihe hinter ihm stand, vorn an die Spitze schickte. Diese Mär steht freilich ganz im Gegensatz zu der sprichwörtlichen Tapferkeit der Schwaben, von der *Ludwig Uhlands* Gedicht vom Kreuzritter (mit dem Titel »*Schwäbische Kunde*«) handelt:

Der wackre Schwabe forcht sich nit,
ging seines Weges Schritt vor Schritt,
ließ sich den Schild mit Pfeilen spicken,
und tät nur spöttlich um sich blicken.

Und als er dann den Türken mit einem Schwertstreich in zwei Teile zerspalten hatte, gab er dem Kaiser Rotbart – ebenfalls einem Schwaben – auf die Frage, wer ihn solche Hiebe gelehrt habe, die bekannte Antwort:

Der Held bedacht' sich nicht zu lang:
Die Streiche sind bei uns im Schwang!
Sie sind bekannt im ganzen Reiche.
Man nennt sie halt nur Schwabenstreiche.

Zum intellektuellen Selbstbewusstsein haben die Schwaben durchaus ihre guten Gründe. Wo sonst könnte man von sich sagen: »Der

Schiller und der Hegel, / der Uhland und der Hauff, / die sind bei uns die Regel, / die fallen gar nicht auf!« Dabei hat der Autor dieser Verse, *Eduard Paulus*, viele andere Berühmtheiten seines Landes wie zum Beispiel Friedrich Hölderlin, Theodor Vischer oder Eduard Mörike gar nicht genannt, vielleicht auch weil sich ihre Namen weniger gut reimen?

Aus einem Stamm

Auch wenn manche es nicht glauben wollen: Württemberger und Badener gehören nach ihrer Herkunft zu ein- und demselben Stamm. Zur Zeit der »Alemannischen Landnahme« um 260 n. Chr. – wie kriegerisch sich das anhört! – kamen die Alemannen von der Ostsee in das Gebiet im heutigen deutschen Südwesten. Sie siedelten im Osten bis an den Lech, im Süden bis zum Arlberg und St. Gotthard und um den Bodensee herum, und nachdem sie den Limes durchbrochen und den Rhein überquert hatten, im Westen bis zum Vogesenkamm. Sie schufen in diesem Raum die erste politische Einheit, das Herzogtum Alemannien. Viel später, im 10. Jahrhundert, wurde dieses Herzogtum Teil der größeren Einheit, des »regnum Teutonicum«, des Deutschen Reiches also. Und da schämten sich die Alemannen offenbar ihres Namens, der doch nur »zusammen gewürfelte Leute« bedeutete. Nun nannten sie ihre politische Einheit nach einem Volksstamm, der im Verband der Alemannen aufgegangen war, fortan Herzogtum Schwaben. Mit den Staufern endete dieses Herzogtum Schwaben, und zwar am 29. Oktober des Jahres 1268. Damals wurde der letzte Schwabenherzog Konradin zusammen mit seinem engsten Freund, dem jungen Prinzen Friedrich von Baden, in Neapel enthauptet. Bis dahin waren die badischen Markgrafen und die Grafen von Württemberg territorial und verwandtschaftlich eng mit einander verflochten gewesen.

Während die badischen Markgrafen jedoch nur über ein arg zersplittertes Herrschaftsgebiet regierten, konnten die Württemberger ihr Territorium im Kernraum des untergegangenen Herzogtums Schwaben unentwegt ausbauen, erweitern und festigen. Dabei separierten sie sich vom übrigen »Alemannien«, nicht zuletzt auch sprachlich. Man machte in Württemberg, das 1495 zum Herzogtum avancierte, die sogenannte zweite Lautverschiebung der deutschen Sprache mit, wodurch das lange »u« zu »au«, das »i« zu »ei« geworden ist, also alemannisch »Huus« zu schwäbisch Haus, Wiib zu Weib usw. So entstand schließlich das schwäbische Idiom mit »gao, stao, lao« (= gehen, stehen, lassen), an dem man echte Württemberger recht eigentlich erkennt. Sie schreiben sich übrigens erst seit 1806 mit »ü« und zwei »t«, werden aber weiterhin »Wirdeberger« ausgesprochen. Das also ist der historische Hintergrund für die Abgrenzung der Badener und sonstigen Alemannen von den Schwaben. Diese würden sagen: »A, drom isch des so!«

Schaffige Schwaben

Ganz und gar ungerecht und unfair ist es, wenn die Badener die Abgrenzung gegenüber ihren östlichen Nachbarn mit der Formel ausdrücken: »Schwobe schaffe, mir denke.« Unbestritten ist allerdings die Aussage, dass Schwaben schaffen können wie kaum eine andere Stammesgruppe. Keine andere Eigenschaft wird ihnen so ohne Vorbehalt bestätigt wie die, dass sie »schaffig« sind – und ordentlich dazu. Meist wird das mit dem Dreisatz als Lebensprinzip zusammengefasst: »Schaffe – putze – spare!« Aus badischer Sicht hat das Schaffig-Sein zwei Seiten. Einerseits ist es ehrenhaft, andererseits soll man es nicht zum Selbstzweck machen. Fast überall in der Welt gilt, dass der Mensch arbeiten soll um zu leben. Für Schwaben aber scheint zu gelten, sie lebten um zu arbeiten. Dazu folgende Geschichten:

»Der soll wenigstens jetzt was schaffe!«

Fast jede Familie hat ihren Tunichtgut, ein paar davon gibt es auch im Schwäbischen. So einer hat sein Leben lang sein Geld mit Nichtstun verdient. Aber nach dem Tod ließen die Verwandten seine Leiche einäschern und füllten die Asche in eine Eieruhr mit der Begründung, wenigstens jetzt soll der faule Kerle was »zu doa hau« (= zu schaffen haben).

Ein böser Spruch

Ein böser Spruch über die Schwaben wird gelegentlich – aber nicht im Badischen! – zur Warnung kolportiert: »Schwabe müsse spare, / Schwabe müsse baue, / Schwabe müsse ‘s Lebe sich / halt durch’s Schaffe no versaue!«

»Des tät dir so passe«

Ein schwäbischer Ehemann klagte seiner Frau, er fühle sich so matt und würde am liebsten sterben. Worauf sie ihm drohte: »Des tät dir so passe, in de Sarg nei liege und nix meh doa!«

Sonst kommt man auf dumme Gedanken

Schaffen hat für Schwaben einen geradezu religiösen Wert. Es wirkt versittlichend. Da meinte eine Dame vom horizontalen Gewerbe, nachdem sie einmal drei Wochen Urlaub gemacht hatte: »Wenn mer nix zu schaffe hät, kommt mer nur auf dumme Gedanke.«

Beides gilt

Ein Schwabe muss, wenn er von der Arbeit heim kommt, halt auch zu Hause mindestens noch ein wenig »schäffele.« Aber auch der folgende Spruch stammt von einem Schwaben, einem aus Stuttgart sogar: »Wer net faul sei koa, dem fallt au nex ei.«

Zwei Bauern streiten sich

Zwei Bauern pflügen ihr karges Feld auf der Hochalb bei Bopfingen und kommen bald über irgend eine Belanglosigkeit in ein Wortgefecht. Das ging dann in wilde Beschimpfungen über. Mit triumphierender Geste blieb schließlich der eine stehen und schleuderte die größte Beleidigung für einen schwäbischen Bauern über die Hecke: »'S ganz Dorf woiss jo, dass du net amol a grade Furche zieha kannscht.« Was konnte man da noch drauf setzen? Doch dem andern gelang es gleich, ihn zu übertrumpfen : »Ond 's ganz Dorf woiss au, dass du so faul bisch, dass dier 's Brot in der Gosch verschemmlat.«

Als zweite Grundtugend nennt der Dreisatz »Schaffe – putze – spare« die Sauberkeit. Man sieht es einem Haushalt an, wenn er von einer Schwäbin geführt wird: Da ist alles ordentlich an seinem Platz, aufgeräumt, blitzblank. Man lässt nichts verkommen. Es gehört sich, dass man »sei Sach zamme hält«. Was eine rechte Schwäbin ist, die braucht zum Fegen gar keinen Dreck! Für schwäbische Mieter in einem Mehrfamilienhaus sei die Einhaltung der Kehrwoche wichtiger als die der Zehn Gebote, sagt man.

Sparsam, aber nicht geizig

Es ist freilich zu vermuten, dass der Putzzwang abgeleitet ist von einer höheren Tugend, nämlich der Sparsamkeit. Nur wer »sein Sach« in Ordnung hält und pflegt, kann's zu was bringen. Gespart wird sozusagen aus Veranlagung. Als Schwabe kann man gar nicht anders. Manche Schwaben werden als »Furzklemmer« geboren. Der Rest wird dazu erzogen. Die schwäbische Entenklemmerei hat nichts mit Geiz zu tun. Man weiß im Schwäbischen sehr wohl: »Ema Arme fehlt viel, aber ema Geizige älles.« Vom sparsamen Schwaben handeln viele Geschichten:

Schotten und Schwaben

Es heißt, die Schotten seien die Nachfahren eines wegen Verschwendungssucht seines Heimatlandes verwiesenen Schwaben. Andere meinen, der Stammvater der Schwaben sei ein aus seiner Heimat entflohener Schotte gewesen.

Ein Ripple Schokolade

Ein Schwabe hat geheiratet. Er kauft vor den Flitterwochen eine ganze Tafel Schokolade. Seiner Frau spendet er ein einziges Ripple davon. Sie möchte gern ein zweites Stück. Er verweigert es und bleibt hart: »Der Rest ist für die Kinder. Du möchtest doch auch, dass wir mal welche kriegen.«

»Mir gebet nix«

Zwei Schwaben sind, wie es heißt, auf ihrer Bergtour in eine Gletscherspalte gefallen. Endlich kommt die Bergwacht und ruft den Verunglückten zu: »Wir kommen von der Rettung.« Worauf die von unten zurück rufen: »Mir gebet nix!«

Was fürchten sie mehr?

Von *Manfred Rommel*, dem langjährigen Oberbürgermeister der Landeshauptstadt Stuttgart, stammt die Feststellung, die Schwaben bzw. wie er korrekter Weise schreibt, die Württemberger seien schon ein besonders robustes Volk: Sie fürchten die Kosten einer Behandlung mehr als den Tod.

Das »Wiimickle«

Saß einer vor seinem Weinglas und sah ein »Wiimickle« (= Weinmücke) drin strampeln. Vorsichtig fischte er es heraus und setzte es am Rand des Glases ab mit den Worten: »Glei kannsch wieder fliege. Aber erscht wird ausgschpuckt, und zwar älles!«

»Wir gehören zusammen«

Da setzt sich ein Schwabe zufällig an einen Tisch im Lokal, an dem schon ein Gast aus Baden sitzt. Nun kommt eine Frau in der Heilsarmee-Uniform und geht mit ihrer Sammelbüchse von Tisch zu Tisch. Der Badener zückt sogleich sein Portemonnaie und tut einen Euro ins Kässle. Die Heilsarmistin wendet sich dem Schwaben zu, doch der winkt ab mit dem Hinweis: »Schon guet, aber wir g'höret zamme! (= zusammen)«.

Etwas bestellen

Im Wirtshaus setzt sich ein Wanderer aus dem Schwäbischen an den Tisch und packt umständlich sein Rucksackvesper aus. Der Kellner: »Hier müssen Sie aber etwas bestellen!« Der Gast: »Dann bestellen Sie halt dem Wirt einen schönen Gruß!«

Im Mannheimer Hafen

Es heißt, man könne im Mannheimer Hafen sogleich erkennen, bei welchem der Neckarschiffe es sich um ein Ausflugsschiff aus dem Schwäbischen handele: Da fliegen keine Möwen heran, denn die Schwaben lassen nichts übrig.

Sparsamkeit oder Bauernschläue?

Einem schwäbischen Bauern war an der ehemaligen Landesgrenze zu Baden eine Kuh aus dem Badischen zugelaufen. Als deren Besitzer die Kuh bei ihm in der Herde entdeckte und sie zurück forderte, meinte der Schwabe: »Dei Kueh kannsch wieder hau, aber erscht wird sie no g'molke.«

Taddäus Troll schreibt, nur von bösen Nachbarn – vielleicht aus dem Badischen? – könne der Zusatz zur schwäbischen Lebensregel »Schaffe – putze – spare« kommen, der da lautet: »Hund verkaufe, selber belle!« Unbestritten bleibt aber auch von ihm, dass einem Schwaben der Verlust von etwas, das mühsam erspart wurde, besonders schmerzt. So könne ein Schwabe auch eher den Tod seines Vaters vergessen als den Verlust des väterlichen Erbteils. Sparsam geht der echte Schwabe sogar mit Worten um und gilt darum als wortkarg. Zwei Belege hierzu:

»Em ra«

Ein Weinbauer – ein »Gog«, wie die Einheimischen sagen – steigt mit dem Sohn den steilen Weinberghang hinauf. Der Sohn zeigt dem Vater eine Hacke, die der Nachbar stehen ließ und die man gut gebrauchen könnte, worauf der Vater nur sagt: »Em ra« (= Die nehmen wir mit, wenn wir herunter gehen.).

»Net g'schompfe«

Weil man im Schwäbischen auch mit Lob und Anerkennung sparsam umgeht, gilt hier: »Net g'schompfe isch doch au scho g'lobt!«

Jeder Leser möge selbst beurteilen, ob es Sparsamkeit oder Realismus war, wenn man in Stuttgart in der Nachkriegszeit meinte: »Mir brauchet kei Kunscht, mir brauchet Grombiere (= Kartoffeln).« Mit Sparsamkeit hat die folgende Ansicht eines Schwaben nur indirekt zu tun, der erklärte: »Mir brauchet kein Alkohol. Mir hän schon unsern guete Moscht und des Bier und unsern Woi!«

So sind sie halt, die Württemberger

Die nun mehrfach zitierte Grundformel der schwäbischen Sittenlehre »Schaffe – putze – spare« kann man auch in der anderen Form hören: »Schaffe, schaffe, Häusle baue!« Das verweist auf einen weiteren Grundzug im schwäbischen Wesen, nämlich die Sesshaftigkeit. Diese widerspricht im Übrigen nicht der Reiselust der Schwaben, denn selbst die Auswanderer halten im Herzen an ihrer ursprünglichen »Hoimet« fest. Es ist ja wohl auch kein Zufall, dass die lange Zeit größte Bausparkasse Deutschlands den Namen »Schwäbisch Hall« trägt und in der gleichnamigen Stadt daheim ist. Wobei man dort betont, dass Schwäbisch Hall erst 1803 württembergisch wurde, zuvor aber »Freie Reichsstadt« war.

Worüber Schwaben sich ärgern

Ein Beobachter aus dem Badischen, *Harald Hurst*, setzte sich in der landeshauptstädtischen Königstraße auf eine Bank und horchte den Leuten zu, »was sie zu schimpfe und zu maule hän«:

> I däd mei Geld au gern im Schlof verdeane.
>
> Es wird emmer schlemmer mit dem Lompegsendl. Wie in dere Stroß, dere Bronx in Nei York driebe.

Mir Bachele zahlet älles!

Für den Kerle wüsst i e Plätzle. Do müeßt der schaffe! Schaffe müeßt der, bis 'm der Schwoiß durch d'Kappe druckt.

Manche spielet wenigschtens Mundharmonika. Die bemühet sich.

Bloß romliege ond 's Stadtbild versaue!

Schlofe on d'Kappe zom Kassiere na ständle! Der isch guet!

Herr Wachtmoischter, kommet Se emol, bitte. Saget Se, ka mer do nix mache?

Nun soll niemand sagen, im Badischen wolle man den östlichen Nachbarn und Verwandten nur Schlechtes nachsagen. Schwaben werden vielmehr hier zu Lande durchaus als tüchtig, sparsam, sesshaft respektiert – Eigenschaften, mit denen sie die Badener selbst übertreffen – und sie können auch über sich selber lachen. Nicht wenige der Pinselstriche im badischen Schwabenbild sind von Württembergern selbst gemalt worden. So konnten einst Willy Reichert oder Thaddäus Troll herzhaft über Eigenschaften ihrer Landsleute losziehen oder sie karikieren. Andere wie ein Sebastian Blau, ein Gerhard Raff oder auch ein Manfred Rommel stehen ihnen in nichts nach. Humor gehört jedenfalls zu den Charakterzügen, die einem die Schwaben durchaus sympathisch werden lassen.

Es war vor allem die einheitliche Religion in Altwürttemberg, der pietistisch gefärbte Protestantismus, der die schwäbische Mentalität nachhaltig geprägt hat. Hinzu kam die historisch tief verwurzelte Geschlossenheit des schwäbischen Raumes. Badenern fehlt die einheitliche Form, sie sind als »Staatsvolk« aus Pfälzern, Franken,

Markgräflern, Vorderösterreichern und vielen anderen zusammen gewachsen. (Alt-)Württemberger hingegen waren durch eine gemeinsame Obrigkeit und ein einheitliches Kirchenregiment geprägt und haben so ein deutlicheres Profil ihrer Eigenart ausgebildet. Zu dieser Eigenart gehört nicht zuletzt ihre Cleverness. Auffällig nur, dass die siebengescheiten Schwaben ihre Bauernschläue auch zum eigenen Vorteil zu nutzen wissen.

Kraut und Speck

Eine Schwäbin fragt ihre Nachbarin: »Könntet Ihr mir Euren großen Hafen (= Kochtopf) ausleihen? Ihr dürft dann auch Euren Speck in meinem Kraut mitkochen lassen.«

Zweimal gemolken

Gab einer der Kuh die Milch, die er eben gemolken hatte, zum Saufen. Gefragt, warum er das mache, kam die Antwort: »Die Milch isch im Eimer e weng dreckig wore, do han i sie halt no emol durelaufe losse.«

Die Kuh auf der Grenze

Auf einer Karikatur aus dem Abstimmungskampf um die Länderfusion konnte man eine Kuh sehen, die quer über der baden-württembergischen Grenze stand. Auf der badischen Seite fraß die Kuh das Heu – und auf der anderen Seite wurde sie von einem Schwaben gemolken.

Wollte man ein urschwäbisches Familienbild malen, bekäme darauf gewiss Lothar Späth einen festen Platz: Ein Schwabe wie aus dem Bilderbuch, ein Clervele in Person, schaffig, umtriebig, tüchtig, erfolgreich, aber auch sparsam, haushälterisch, auf »das eigene Sach« bedacht, kein unbeschwerter Genießer, aber mit viel Witz, schlagfertig, einfach clever. Warum sollten sich die Badener vor einem solchen Partner ängstigen? Sie bleiben viel lieber als »bessere Hälfte« gern an Württembergs tüchtiger Seite.

»Der Nachbar ist dein Spiegel«

Heiteres aus der »Regio«

Die Menschen im Badnerland haben der geographisch-politischen Lage der Region, in der sie leben, viel zu verdanken. Am Oberrhein liegt der Schnittpunkt europäischer Verkehrsströme. In diesem Dreiländereck an der Nahtstelle zwischen Frankreich, der Schweiz und Deutschland, der »Regio TriRhena«, haben die Menschen gelernt, sich zu verständigen. Der Rhein bildet die politische Grenze, aber er trennt nicht nur. Der Strom lehrt die Menschen Brücken zu bauen, so sagt man hier. Die beste Brücke der Verständigung bildet die Sprache. Lange Zeit war das Alemannische das verbindende Idiom. Die »Muettersproch-G'sellschaft« wirbt mit dem Slogan: »Bi uns cha me au alemannisch schwätze«. Als Mundart lebt das Hochalemannische im »Schwyzerdütsch« ebenso fort wie im Elsässischen.

Elsässer Nachbarn

Der Dialekt wird im Elsass zumindest auf dem Land noch gepflegt, mischt sich aber längst mit französischen Brocken, so wenn eine Bäuerin ruft: »Chasse de Güggel üs em jardin!« Gefragt, wann sie glaube, dass es zur politischen Vereinigung von Deutschen und Franzosen komme, meinte eine Elsässerin freilich: »So lange wir mit gelbem Licht fahren und ihr mit weißem, glaube ich gar nichts.« Die deutsch-französische Aussöhnung ist indes längst vollzogen, vorbereitet von Konrad Adenauer und

Charles de Gaulle im badischen Luxushotel »Bühler Höhe«, eingefädelt von dem bekennenden Badener Wilhelm Hausenstein in Paris!

Nach *Germain Muller*, dem Straßburger Germanisten, »esch e Elsässer e Elsässer. Was esch e güeder Elsässer? E güeder Elsässer esch e Franzos. Was esch e ganz güeder Elsässer? E ganz güeder Elsässer esch fast schon e halber Schwob.« Dazu muss man wissen, dass Elsässer alle Deutschen als »Schwobe« bezeichnen, während es die Franzosen bei »les Allemands« belassen. Wollen Elsässer ganz sicher gehen, reden sie von »de ditsche Schwobe«. Den Unterschied zwischen den »Schwobe« und den Franzosen erklärt ein Witz, den der Elsässer *Roger Siffer* erzählte:

Das Frühstück

Wenn ein »Ditscher Schwob« sein Frühstück nimmt, nimmt er immer um sieben Uhr morgens ein kräftiges Frühstück, denn er bereitet sich auf einen harten Arbeitstag vor – getreu der Regel »Schaffe, schaffe, Häusle baue, und nit nach de Mädle schaue …!« Wenn ein Franzos sein Frühstück nimmt, nimmt er immer um sieben Uhr morgens ein kräftiges Frühstück, denn er hat eine schlimme Nacht hinter sich. Und wenn ein Elsässer sein Frühstück nimmt, nimmt er immer um sieben Uhr morgens ein besonders kräftiges Frühstück, denn er bereitet sich auf einen harten Arbeitstag vor … nach einer schlimmen Nacht.

Im Supermarkt

Vom gleichen Erzähler stammt auch die folgende Geschichte: In den Straßburger Supermärkten drängen sich die »Schwobe« mit Warenkörben voll mit frischem Fisch, Wein und Zigaretten an der Kasse. Die Geschäftsführung kündigt an: Ab nächster Woche wird in jedem Supermarkt von Straßburg alle zehn Minuten die deutsche Nationalhymne gespielt; so stehen die Schwobe stramm, und in dem Moment können die Elsässer auch zur Kasse gehen.

Traditionen im oberrheinischen Humor

Die drei Länder in der »Regio TriRhena« sind nicht nur durch ihre Mundart miteinander verwandt. Sie haben auch gemeinsame historische Wurzeln. Vielleicht hat sogar ihr Humor eine solche Wurzel, die in die Zeit des Oberrheinischen Humanismus um 1500 zurückreicht. Es war der in Strassburg als Sohn eines Gastwirts geborene *Sebastian Brant*, der in Basel mit dem »*Narrenschiff*«, das in Freiburg ins Lateinische übertragen wurde, den ersten Bestseller der Neuzeit verfasste. Er schilderte und beklagte darin die Torheiten der Welt, etwa mit den Versen:

> Die Wissenschaft verachtet man
> Und sieht sie über die Achseln an;
> Gelehrte müssen sich schier schamen,
> Zu tragen ihre Kleid und Namen...

Und auch das Schiff der Christenheit – wohl selbst ein »Narrenschiff«? – sah er bedroht:

> Sankt Peters Schifflein schwanket sehr.
> Ich sorg sein Untergang im Meer.
> Die Wellen schlagen allseits dran.
> Ihm wird viel Sturm und Plage nahn.

Wie recht er hatte! Er, der von sich schrieb: »Wer Weisheit sowie Tugend fand, / der schwimmet nackend wohl zum Land. / So spricht Sebastianus Brant.« Mit »nackend« meinte er als Christ die »reine Seele«. *Erasmus von Rotterdam*, der Basel zu seiner Heimatstadt wählte und dann fünf Jahre in Freiburg lebte, hat mit seinem »*Lob der Torheit*« den Erfolg des »Narrenschiffs« sogar noch übertroffen. Ohne Torheit, sagte er und meinte damit auch ohne Humor, gäbe es kein dauerhaftes Zusammenleben, und die Menschen könnten einander kaum ertragen. »Kein Volk könnte mehr den

Fürsten ausstehen, kein Herr den Knecht, keine Zofe die Dame, kein Lehrer den Schüler, kein Freund den Freund, kein Weib den Mann, kein Vermieter den Mieter, kein Kamerad den Kamerad, kein Tischgenosse den Tischgenossen. Sie müssen eben einander zuliebe bald fünfe gerade sein lassen..., bald ein Auge zudrücken, bald mit dem Honig der Torheit sich bei Laune erhalten.« Über sich selbst lachen zu können, so fährt er fort, ist eine Grundbedingung für die Torheit, die zu loben ist. Man kann viel von Erasmus lernen!

Rund hundert Jahre später waren es zum Beispiel der aus Baden stammende *Abraham a Sancta Clara*, den Schiller durch die Kapuzinerpredigt in »Wallensteins Lager« unsterblich gemacht hat, oder der bei Kehl beheimatete *Johann Michael Moscherosch*, die beide die Tradition des satirischen Humors im Lande fortführten. So kritisierte Moscherosch die Zeittendenzen z. B. mit den Versen:

Fast jeder Schneider – will jetzund leider
Der Sprach' erfahren sein – und redt Latein:
Wälsch oder Französisch – halb Japonesisch,
wenn er ist doll und voll – der grobe Knoll...

Es gibt Gemeinsamkeiten wie auch Unterschiede unter den Hoch- und Oberrhein-Anrainern. Als Alemannen zeigen sie sich alle gern bedächtig und misstrauen den Schnellschwätzern: »Nit jeder, wo schnell daher schwätzt, hät au öbbis G'schiets (= Gescheites) zu sage.« Die Unterschiede im Weltbild der Elsässer, Süddeutschen und Schweizer zeigen sich freilich schon in der Ansicht, woher die Kinder kommen. Der eher konservative Elsässer erklärt in einem Gespräch mit den beiden andern: »Die kleinen Kinder bringt bei uns der Storch. Drum sieht man hier im Elsass auf jedem Kirchturm ein Storchennest.« Der Badener will moderner sein: »Bei uns ist das anders. Die kleinen Kinder werden im Krankenhaus gemacht. Dort kommen sie in der Wöchnerinnen-Abteilung zur Welt.« Der Schweizer aber hält sich zurück: »Wie des bei uns isch, waiß i nit so genau. Aber so viel isch ganz g'wiss. Das isch bei uns je nach Kanton verschiede!«

Schweizer Nachbarn

Mit den Deutschschweizern südlich des Hochrheins blieb Baden – trotz Schweizer- und Schwabenkriegen – über die Jahrhunderte hinweg in engen Wechselbeziehungen. Die badischen Markgrafen unterhielten zum Beispiel stets eine Art Nebenresidenz in Basel: den »Markgräfler Hof«. Dort fühlte man sich in Kriegszeiten geschützt wie in einer zweiten Heimat.

Erzi in Basel

Da traf der Habsburger *Erzherzog Eugen von Österreich*, der schon etliche Jahre in Basel im Exil lebte, in den 1930er Jahren den Dirigenten *Wilhelm Furtwängler* in Freiburg, dessen Großvater Direktor eines Freiburger Gymnasiums gewesen war. Furtwängler dachte in der NS-Zeit, sich auch in Basel niederzulassen. »Man lebt sehr angenehm hier«, meinte der Erzherzog, »die Leute rufen mir auf der Straße schon von weitem zu, hallo Erzi.« »Hm,« sinnierte daraufhin Furtwängler, »da will ich doch lieber nicht nach Basel ziehen.« Er bekam übrigens dann später in Genf politisches Asyl.

Vierhändig Klavier spielen

Von einem reichen Basler erzählt man, er habe eines abends seine beiden Töchter vierhändig Klavier spielen gehört. Daraufhin erklärte er seiner Frau: »Morgen wird ein zweites Klavier gekauft. Die Leute sollen nicht glauben, dass wir keine zwei vermöget!«

Am Ertrinken

Sah einer der Webstübler – das sind in Basel die »geistig Verwirrten« – von der Rheinbrücke aus, wie unten einer schwimmend zum andern Ufer gelangen wollte, aber von der Strömung abgetrieben wurde und schrie: »Au secours! Au secours! (= Hilfe!)«. Worauf der von der Brücke hinunter rief: »Hättsch g'schieder (= gescheiter) Schwimme g'lehrt als Französisch!«

Liebesprobleme

Der Thurgauer *Markus Werner* buchstabiert in seiner »*Liebes-Organologie*« die Probleme durch 's Alphabeth in Versen wie diesen:

> Drängt Brust an Brust sich in Ekstase,
> Inkommodiert die volle Blase.
> Verweigert seinen Sprung das Ei,
> Misslingt Empfängnis auch im Mai!

Den Bernern wird eine besonders ausgeprägte Form der alemannischen Bedächtigkeit nachgesagt. Auch gelten sie im Umgang von Mann und Frau als etwas unterkühlt. So sind halt die Klischees!

Der Hochzeiter

Das Brautpaar hatte die Gäste verabschiedet und sich zur Hochzeitsnacht ins Schlafzimmer begeben. Die Braut machte sich im Bett bereit, doch der Hochzeiter zog nacheinander seine Kleider aus und faltete jedes Stück sorgfältig zusammen, die Jacke, die Hose, das Hemd und so weiter und warf alles nacheinander zum Fenster hinaus. Ein wenig irritiert wollte die Braut wissen: »Ja warum machsch du das?« Worauf er antwortete: »Ja waisch, bis mir zwei mit enander fertig sin, isch des alles nümme modern!«

Das Schnuckiputzli

»Komm her, Schnuckiputzli, hai kumm scho Liebs, du goldige Schatz!«, rief der Mann. Worauf sie antwortete: »Ich komm ja gleich, mei Männli.« Er aber knurrte: »Wa witt denn du? Ich ha doch mit mim Hund g'redt.«

»Muss bald sterbe!«

Ein Mann zog Abend für Abend von Wirtshaus zu Wirtshaus und kam erst spät in der Nacht nach Hause. Einmal klagte er seiner Frau, es sei ihm zum Sterben schlecht, er käme wohl bald ins Grab.

Worauf sie meinte: »Macht nix. Dann weiß ich wenigstens, wo du in der Nacht steckst!«

Auf dem Weg zum Himmel

Fuhr ein Draufgänger aus Zürich mit seinem Sportwagen frontal auf einen Baum und war sofort tot. Auf dem Weg zum Himmel traf er einen Landsmann aus Bern mit zerschmetterten Beinen und blutendem Kopf und fragte ihn: »Auch von einem Autounfall?« Worauf der antwortete: »Nein, gefallen im Kampf, komme von der Schlacht bei Sempach 1386!«

Als Hinterwäldler gelten manche Schweizer aus den Urkantonen Schwyz, Uri, Unterwalden. Dabei waren sie es doch, die damals 1291 auf dem Rütli den Kern der Eidgenossenschaft gebildet haben.

Zweierlei Schuhe

Traf einer einen andern aus dem Dorf und machte ihn darauf aufmerksam, er trage ja zwei verschiedene Schuhe, einen braunen und einen schwarzen. Worauf der antwortete: »Ich weiß schon, aber das Allerschlimmste ist: Daheim steht noch so ein Paar.«

Wer war Wilhelm Tell?

Der Lehrer teilte den Schülern die neuesten Forschungen über Wilhelm Tell, den Schweizer Nationalhelden, mit und erklärte ihnen: »Das müsst ihr jetzt lernen: Es ist nachgewiesen, der Wilhelm Tell hat gar nie gelebt. Aber das eine bleibt sicher: Er war ein Urner!«

Wie die Zeit vergeht

Fährt ein Urner in Luzern mit dem Bus. Die Leute stehen dicht gedrängt. Auch er muss stehen. Nach einer Weile sagt ein Luzerner neben ihm: »Sie, Sie stehen mir schon seit zehn Minuten auf dem Fuß.« Da meint der Urner: »S'isch scho wahnsinnig, wie die Zit vergoot.«

Der Nachbar ist dein Spiegel

Baden rechts und das Elsass links des Rheins, das lässt sich wie die zwei Seiten eines aufgeschlagenen Buches betrachten. So hat das *René Schickele*, der Elsässer in Badenweiler, einmal erklärt. Man sagt im Elsass gern »Der Nachbar ist dein Spiegel.« Das gilt auch umgekehrt für die Badener. Will man das Eigene im Anderen und das Andere im Eigenen sehen, so lassen sich die heiteren Geschichten aus dem Elsass lesen, als wiederholten sie in aller Kürze noch einmal die Themen, die in den vorausgehenden Kapiteln von der badischen Seite vorgestellt wurden. Für die Auswahl der Elsässer Geschichten greifen wir auf eine Sammlung zurück, die *Otfried von Zeltingen* vor mehr als 30 Jahren publizierte und die *Gerhard Schildberg* neuerdings in einem Reprint wieder zugänglich machte. Er hat erlaubt, daraus einige hier wiederzugeben. Bei aller Verwandtschaft des elsässischen mit dem badischen Humor bringen die ausgewählten Geschichten doch auch Charakteristisches von der Gemüts- und Denkungsart der Nachbarn im Westen zum Ausdruck. Im vergleichenden Rückblick auf die Kapitel des »Badischen Humors« mögen die folgenden Beispiele vom elsässischen Nachbarn dir, heiteres Baden, zu deinem Spiegel werden!

Verstanden oder missverstanden?

In der ländlichen Kleinkinderschule sagten die Kinder, wenn sie aufs Klo mussten: »Ich müess brunze.« Eine Kindergärtnerin aus der Stadt wollte den Kleinen bessere, also französische Manieren beibringen und erklärte ihnen, das heiße »S'il vous plaît, Mademoiselle.« Da hatte sich einmal eines der kleinen Mädele vergessen, so dass sich ein »Lächele« unterm Stühlchen ausbreitete. Ein Kind, das daneben saß, hob den Finger hoch und meinte: »Mademoiselle, es het S'il vous plaît under de Stüehl g'macht.«

Als im Ersten Weltkrieg noch elsässische und reichsdeutsche Soldaten Seite an Seite im Schützengraben standen, da sollte ein Bayer seinem Kameraden aus dem Elsass einen Spaten ausleihen. Er tat's mit der Bitte: »Do host'n, aba wannst ferti bist, gibst'n zruck!« Der Elsässer schaute ihn verständnislos an, bis der Bayer es knapper ausdrückte: »Wenn fini, dann retour!« – Und die beiden hatten sich verstanden.

Drei Ehefrauen von Strassburger Medizinprofessoren schütten sich gegenseitig das Herz aus und klagen über die Zerstreutheit der Ehemänner. Die erste erzählt: »Miner Mann het sich d'letscht Wuch mit sim Spazierstock verwechselt. Er kummt ham, lejt de Stock ins Bett, deckt'n zue, stellt sich selbscht ins Eck und losst de Kopf hänge.« Die zweite: »Miner Mann het doch so gern weiche Eier. Geschtern morje kommt er in d'Kichi, nämmt e Teeleffel in d'Hand, schlad ne mer uff de Kopf un gibt im weiche Ei e Schmutz.« Da trumpft die dritte auf: »Des isch alles noch gar nix. Wo mir bim Hirote han solle d'Ring wechsle, het er mir an de Puls gegriffe und het gsaat: »S'il vous plaît, lon Sie mich emol Ihri Zung sehn!«

Liberal im Umgang mit Gesetz und Obrigkeit

Im Zweiten Weltkrieg versuchte die deutsche NS-Regierung die Versorgungsmängel durch strenge Verbote des Schwarzhandels zu beheben. Ein Bauer in einem Dorf bei Strassburg verkaufte dennoch Gänse zum Preis von 50 Reichsmark das Stück. Sein Nachbar wollte es ebenso tun und veröffentlichte in den »Straßburger Neusten Nachrichten« eine entsprechende Anzeige. Doch da kam die Polizei und beschlagnahmte ihm seine Gänse. »Wieso sind die denn bei dir nicht gekommen?«, fragte er den Nachbar. »Ja wenn du dich auch so dumm anstellsch und inseriersch ‚Gänse à 50 Reichsmark zu verkaufen!' Ich annonciere jedesmol: ‚50 Reichsmark am Bahnhofsplatz verloren. Der ehrliche Finder erhält eine Gans.' Am nächschde Dag het dann halb Stroßburg mini fuffzig Mark g'funde.«

Albert Schweitzer, im elässischen Kaysersberg geboren, als Arzt in Lambaréne berühmt geworden, besuchte einen Studienfreund im heimatlichen Günsbach, wo Schweitzers Vater 40 Jahre lang als Pfarrer gewirkt hatte. Der Freund fragte den »Urwalddoktor«:

»Saag emol, Albert, wie wursch denn eigentlich fertig mit dinne Schwarze do driwwe? M'r heert so viel, as sie anfange uffzumucke un nimmeh pariere welle.« Lachend kam die Antwort: »Loss mich geh! Ich gloib, as ich mit minne Schwarze am And besser fertig wurr as düe mit dinne Wyssa!«

Ein Soldat geht im Park spazieren, beide Hände bis zu den Ellbogen in der Hosentasche. Er geht grußlos an einem höheren Offizier vorüber, doch der hält ihn an und fragt, warum er ihn nicht gegrüßt habe: »Kennen Sie nicht die Bedeutung der vier Sterne auf meiner Mütze?« Worauf der Soldat sich entschuldigt und Haltung annimmt mit dem Gruß: »Salut, monsieur Cognac!«

In Maßen fromm

Ein Schumacher kommt beim Münsterpfarrer zum Beichten. Dieser fragt ihn am Schluss: »Sind das alle Ihre Sünden?« »Nein«, meint der Schuster, »des isch numme d'Helft. D'ander Helft biecht ich drüwe beim Kaplan, der losst nämlich auw sini Schüch bic mer sohle.«

Kardinal Louis Rohan, der mit der Halsbandaffäre, der dann 1789 vor den Revolutionären im Elsass ins badische Ettenheim floh, wo er verstorben ist, hatte schreckliche Angst vor einem Schlaganfall. Eines Abends saß er mit einer jüngeren Dame beim Brettspiel, als er plötzlich erbleichte und stöhnte: »Jetzt ist das Ende da, meine ganze rechte Seite ist schon gelähmt.« »Das kann doch nicht sein, so plötzlich«, wollte ihn die Dame beruhigen. »Doch«, entgegnete der Kardinal: »ich habe mich doch zur Kontrolle in den Schenkel gekniffen und habe nicht das Geringste gespürt.« »Machen Sie sich nichts draus«, gab die Dame erleichtert zur Antwort: »Das war nämlich mein Schenkel …«

In manchen elsässischen Städten mussten die Einwohner mehrmals die Konfession wechseln. Aus Katholiken wurden nach 1553 Lutheraner, dann in der Zeit Ludwigs XIV. zwangsweise wieder Katholiken. Der Bürger einer Stadt meinte, als er im Sterben lag, zu seiner Frau: »Ich dätt jo lache, wenn ich in de Himmel komm, un unseri Religion wär jetzt grad d' falsch gsin.«

Lebensgefühle und Lebensweisheiten

Eine reichlich aufgetakelte, sehr betagte Dame kam zum Schönheitschirurgen mit der Frage: »Herr Dokter, kenne Sie mer mei Schenheitsfehler eweg mache?« Der Arzt betrachtete sie gründlich und meinte schließlich: »Madame, für's Köpfe sin mer net ingericht!«

Ein Mann hat schon lange Beschwerden beim Stuhlgang. Da hört er von einem sogenannten Augendiagnostiker in den Vogesen, sucht ihn auf und bittet um eine Diagnose. Der hat schnell die Ursache des Übels gefunden: »Mien Liewer, dü hesch Hämorrhoide im hegschde Grad.« Der gute Mann war höchst erstaunt und meinte später zu seiner Frau: »Sott mer so ebs glauwe? Gückt der eim ins Aug' und sait, mer het Hämorrhoide! Am e scheene Dag gückt der eim hinde nin un sait, mer het de Star.«

Eine Bäuerin aus einem abgelegenen Dorf kam zur Beerdigung in die Kleinstadt. Die Trauerfamilie war schon vor dem Haus der Verstorbenen um den Sarg herum versammelt, und der Pfarrer betete. Da fragte die Frau leise eine der Umstehenden: »Hielt (= weint) mer schun biem Hüs oder erscht uff'm Kerchhof?«

Vom Essen und Trinken

Es war üblich, dass bei Hochzeiten und ähnlichen Festen der Pfarrer die »Türt«, d. h. die Fleischpastete anschnitt und dann am Tisch weitergab. Ein Pfarrer fragte die Hausherrin vor der Zeremonie, ob es denn gleich sei, wo man die Pastete anschneide. Das wurde selbstverständlich bejaht. Darauf meinte der Pfarrer: »Güet, dann schnied ich se deheim an.«

Kommt ein frommer Elsässer von der Lourdesreise in die damals zu Deutschland gehörende Heimat zurück. An der Grenze erklärt er dem Zöllner: »Heiliges Lourdeswasser! Numme Lourdeswasser!« Der Zöllner traut der Sache nicht und öffnet die erste Flasche: »Awer des isch jo pürer Schnaps!«, herrscht er den »Pilger« an. Der meint hoch erstaunt: »Jesses! Schun wieder e Wunder von Lourdes!«

Trinken zwei Zechbrüder im Wirtshaus unentwegt ein Bier und einen Schnaps nach dem andern. Schließlich sagt der eine ganz langsam: »Du Kumpel, jetzt schtehn mer uff. Un wenn mer noch gehn kenne, no gehn mer noch nit.« Worauf der andere meint: »Es isch güet. Wenn mer awer nimmi gehn kenne, no gehn mer.«

Kinder- und Schülergeschichten

Auch Strassburg hat seine Stadtviertel mit sozial Benachteiligten. Gelegentlich versuchen es Damen aus »besseren Kreisen« mit der Wohltätigkeit. Eine von ihnen sah bei ihrem Besuch in einem solchen Quartier eine Horde spielender Kinder, ziemlich verwahrlost, und sprach einen an: »Her emol, mon petit, wäschen ihr ejch denn gar nie?« Antwortete der: »Züe was denn? Mir kenne jo enander an de Stimm!«

Fragt ein elsässischer Pfarrer die elfjährige Tochter eines Kollegen aus Preußen, die zu Besuch bei ihm war, ob sie schon wisse, was sie einmal werden möchte. Die gibt selbstsicher zur Antwort: »Das kommt ganz auf meinen Busen an. Krieg ich einen, werd ich Pfarrfrau. Krieg ich keinen, dann studier ich Theologie.«

Ein Schüler kommt eine geschlagene Stunde zu spät in den Unterricht. Auf die Vorwürfe des Lehrers entschuldigt er sich: »Es het so Glattiis drüsse, Herr Lehrer. Jedesmol wenn ich e Schritt g'macht hab, bin ich wieder zwei zeruck gerutscht.« »Wieso bisch dann iewerhaupt do?«, will der Lehrer nun wissen. Der Bub: »Ich hab mich rumgedrejt un bin haam gange.«

Von der Liebe und der Ehe

Beim Brautunterricht erklärt der Pfarrer den beiden die im Ort übliche Praxis bei der Trauung: »Wenn beide noch in jeder Hinsicht unbescholten sind, dann wird die große Glocke geläutet. Andernfalls bleibt's bei der kleineren. Welche soll an eurem Hochzeitstag läuten?« Der Bräutigam erklärt forsch: »D'groß Glock nadüerlich.« Die Braut hingegen meint: »Kennt mer net mit em kleine Glöckel als mol e bissel dazwische bimmle?«

Ein Ehemann schüttet dem Freund sein Herz aus: »Ich bin in großer Sorg, un zwar um mini Frau.« »Was isch denn mit ihr?«, will der wissen. Der andere darauf: »Nacht für Nacht geht se in Bars und Wirtschafte und Nachtklüb und kommt selde vor de drej haam.« »Des isch awer schlimm«, meint der Freund: »Häsch denn gar kei Ahnung, warum diini Frau des düet?« Nach längerer Pause kommt die Antwort: »Sie süecht mich!«

»Finalissimo«

Ende gut, alles gut!

Humor ist nicht der Mann, dem wir die Geschichte von Odysseus verdanken. Den schreibt man mit o und e. Nein, Humor ist, wenn man trotzdem lacht. So erklärt der Volksmund kurz und bündig dasselbe, was in der eingangs verwendeten Brockhaus-Definition über den Humor ausgesagt wurde, dass er nämlich eine heitere Gemütsverfassung bedeute, die zur Wirklichkeit Ja sagen lässt, auch wo diese widrig ist. Die in dieser Sammlung zusammen gestellten Witze, Anekdoten, Geschichten und Gedichte bezeugen, dass es im Badischen wie auch in der ganzen Region am Oberrhein nicht an Menschen fehlt, die diese Gemütsart besitzen und sie auch pflegen.

Heiter bleiben, lebensfroh und kompromissbereit, so könnte die Devise lauten für den Humor im Badischen. Doch was eigentlich ein ordentlicher Autor schon im Vorwort vorsorglich klar gestellt hätte, das geschieht hier erst im nachhinein. Wir müssen zugeben, dass die verschiedenen Geschichten in dieser Sammlung nicht »das badische Volk« repräsentieren, selbst wenn es so etwas wie ein badisches Volk gegeben hätte oder gäbe. Sie werfen vielmehr nur Streiflichter auf das Zusammenleben der Menschen hier zu Lande, die wohl einiges Typische von ihrer Eigenart erkennen lassen, aber eben doch nur einiges. Und typisch sind diese badischen Wesenszüge auch nur für manche Landsleute, nicht für die ganze badische Spezies. Das einzugestehen, könnte schmerzlich sein, ist es aber nicht für kompromissbereite Badener wie unsereinen. Überflüssig auch zu sagen, dass in Baden nicht nur die Sonne scheint mit purer Heiterkeit. Es gibt wohl ebenso viel Schatten, Finsternis und Bosheit in dem Land. Dem sollte freilich der Humor ein Stückchen weit Paroli bieten.

Das zweite Eingeständnis muss gleich folgen. Diese Witze, Anekdoten, Geschichten und Gedichte sind nur zum Teil das

»Volkseigentum« der Badener. Wie schon eingangs deutlich gesagt wurde, hat sich im Badischen Humor viel »Strandgut« angesammelt, das von anderwärts stammt oder stammen kann. Insofern können auch die Charakterzüge, von denen die Geschichten handeln oder zeugen, keine exklusiven Eigenschaften nur von Menschen sein, die hier in Baden leben.

Schließlich ist der eher unwahrscheinlichen Meinung entgegenzutreten, diese Sammlung sei der eigenen Erfindungskraft des Autors zu verdanken. Es handelt sich vielmehr um eine Anthologie mit Stücken aus ganz verschiedenen Quellen. Einige seien nicht nur aus Fairness, sondern mit dem Ausdruck der aufrichtigen Dankbarkeit namentlich genannt. *Günther Imm* hat 1969 »Sechzehn heitere Lektionen für jedermann« unter dem Titel »*Baden wie es lacht*« herausgegeben, eine Sammlung, die neuerdings in einem Nachdruck vorliegt. Köstlich zu lesen ist das »Gruppenbild einer verzwickten Familie«, das *Amadeus Siebenpunkt* mit dem Titel »*Deutschland deine Badener*« 1975 veröffentlicht hat und das seither in vielen Auflagen nachgedruckt wurde. Aus der von *Adam Schölb* herausgegebenen Sammlung »*Das große Blumenpeter-Buch*« (dritte Auflage 1965) wurde mehrfach zitiert. Gleiches gilt für die »*Sammlung und Analyse der witzigsten elsässischen Anekdoten*«, die *Otfried von Zeltingen* 1971 publizierte und die zuletzt *Gerhard Schildberg* im Eigenverlag als Reprint herausgebracht hat. Weiterhin konnte ich auf Geschichten in dem von *Peter Köhler* edierten »*Anekdoten-Buch*« (1997) und etliche Witzebücher zurückgreifen, soweit sie spezifisch badische Geschichten enthielten. Nicht wenige der humoristischen Beiträge finden sich – meist leicht abgewandelt – nicht nur in einer einzigen der genannten Ausgaben: Man stößt also immer wieder auf alte Bekannte. Das wird den Leserinnen und Lesern auch bei dieser Sammlung so ergehen. Allerlei lustige Geschichten waren in regionalen Zeitschriften zu finden, in: »*Baden. Monographie einer Landschaft*«, »*Freiburger Almanach*«, »*In Baden-Württemberg*«, »*Konradsblatt*«, »*Der Lahrer Hinkende Bote*« sowie im Wochenend-Magazin der »*Badischen Zeitung*«. Auch aus manchen Bänden der regionalkundlichen Schulbuchreihe »*Kennzeichen*« und nicht zuletzt aus Gedicht-Editionen oder Werkausgaben einzelner Autoren – die bei den zitierten Versen jeweils angegeben sind – ließ sich einiges in diese Sammlung aufnehmen. Ein paar »Schwabenwitze« sind dem einen oder anderen der ebenso klugen wie humorvollen Bücher von *Manfred Rommel* sowie dem Band »*Badener und Württemberger*« von *Klaus Koziol* entnommen. Natürlich stammt auch etliches aus dem Erzählfundus des eigenen Freundes- und Bekanntenkreises. Nichts ist erfunden, alles aber ist bewusst ausgewählt, gesichtet und geordnet. Das meiste wurde neu formuliert und alles schließlich mit Auskünften zur Landesgeschichte verwoben.

Um nun nicht auf so prosaische Weise mit diesen Quellenangaben des Buches abzuschließen, soll die Sammlung zum »Finalissimo« – so der Titel einer Fernseh-Sendung des badischen Kabarettisten *Matthias Deutschmann* – mit ein paar witzigen Sprüchen zum Nachdenken ausklingen. Die ersten beiden davon sind der Deutschmann-Sendung entnommen. Wie sie bezeugen, kann auch beim Badischen Humor in der Kürze seine Würze liegen.

Alt ist, wer im Wald schon das Holz wachsen hört für den eigenen Sarg.

Oder: Wenn das Schreiben der eigenen Memoiren schon flüssiger geht als das Wasserlassen.

Zur Hochzeit von Kanaan: Eingeladen waren auch der Herr Jesus und die alte Frau Jesus.

Aus Volkes Mund: Mir sind Leit wie Pfarrers Leit. Nur nit so heilig.

Der Arzt zum Diabetiker: »Verspüren Sie öfters großen Durst?« Antwort: »So weit lass ich's doch gar nie kommen.«

Zeitdiagnose: Wohlstand ist, wenn die Leute mehr Uhren haben als Zeit.

Frommer Spruch über einem Bett im Pfarrhaus: Der Herr kann stündlich kommen!
...und im Klo daselbst: Wirf dein Anliegen auf den Herrn! Er wird's schon machen.

Von einem Landwirt: Der meint auch, mit einem Furz könnt' er einen ganzen Acker düngen.

Schüttelreim: Wo Männer Wert auf Weiber legen, geschieht es meist der Leiber wegen.

Ein Gas riecht das andere nicht. (Zeichensetzung nach der neuen Rechtschreibung)

Der Apfel fällt nit weit vom Stamm, – außer er rollet e Bergle nab!

Sie hatte das beste Zimmer im Altersheim: Links davon war die Kapelle, rechts das Klo.

»Jetzt isch's gange«, hot seller Bettscheißer g'sait.

Zwei Jäger trafen einander im Walde. Beide tot. –

Wer trotzdem lacht, der hat Humor!

Erzählen Sie es weiter, was Sie zum Lachen oder Schmunzeln brachte, liebe Leserinnen und Leser. Ich sage: Adieu! Oder auf Alemannisch verkürzt: Ade – und ganz badisch-vertraulich: Adele!

Fundstellen

Anthologien/Handbücher/Sammelwerke

Alemannisch dünkt us guet. Heft III / IV 2004 der Muettersproch-Gsellschaft. Freiburg 2004 (zit. S. 92)

Alemannische Anthologie. S lebig Wort vu 31 Mundartdichter us em Badische, hrsg. von der Muettersproch-Gsellschaft in Freiburg. Lahr 1978 (zit. S. 55, 109).

Das Anekdoten-Buch, hrsg. von Peter Köhler. Stuttgart 1997 (zit. S. 65, 130).

Badische Biographien. Neue Folge Bd. 1–3, hrsg. von Bernd Ottnad. Stuttgart 1982 ff.

Fehrle, Eugen: **Badische Volkskunde**. 1924, Reprint o. O. 1979 (zit. S. 68).

Gernhardt, Robert/Klaus Cäsar Zehrer: **Hell und schnell. 555 komische Gedichte aus 5 Jahrhunderten**. Frankfurt am Main 2004 (zit. S. 105, 108, 131).

Das Große Blumenpeter-Buch, hrsg. von Adam Schölb bei der Hofbuchhandlung Tobias Löffler. Mannheim 1987 (zit. S. 17 f., 20, 26, 57, 70, 79, 86, 99).

Das Großherzogtum Baden, hrsg. von Josef Bader. O. O. 1857 (zit. S. 36, 105, 108.).

Herbst, Gabriele: **Die Badener pauschal**. Frankfurt am Main 1999 (zit. S. 68 f.).

Hug, Wolfgang: **Geschichte Badens**. Stuttgart 2. Auflage 1998 (zit. S. 11, 23, 34, 52).

Imm, Günther: **Baden wie es lacht. Sechzehn heitere Lektionen für jedermann**. Frankfurt am Main 1969, Reprint hrsg. von Heinz Michel. Würzburg 2002 (zit. S. 10, 28 f., 31, 38, 66, 107).

Die komischen Deutschen. 881 gewitzte Gedichte aus 400 Jahren, hrsg. von Steffen Jacobs. Frankfurt am Main 2004 (zit. S. 12).

Koziol, Klaus: **Badener und Württemberger. Zwei ungleiche Brüder**. Stuttgart 1987 (zit. S. 113 f.).

Münch, Paul: **Pfälzer Humor in Sprache und Volkstum**, hrsg. von F. W. Weber. O.O. 1917 (zit. S. 90, 98).

Rebmann, Eduard/Eberhard Gothein/Eugen von Jagemann: **Das Großherzogtum Baden**. Karlsruhe 1912 (zit. S. 85, 97 f.).

Rohner, Ruedi: **Appezäller Witz**. Heiden 1990 (zit. S. 93 f., 131 f.).

Rommel, Manfred: **Manfred Rommels gesammelte Witze**, hrsg. von Ulrich Frank-Planitz. Stuttgart 2002 (zit. S. 73).

Rommel, Manfred: **Trotz allem heiter. Erinnerungen**. Stuttgart 2001 (zit. S. 15, 40, 115 ff., 121).

Schildberg, Gerhard: **Riss mir e Bein erüs! Sammlung und Analyse der witzigsten elsässischen Anekdoten**. Kehl/Bodersweier 1993 – zu beziehen direkt bei G. Schildberg, Fleckenhofenstr. 9, 77694 Kehl – (zit. S. 25, 92, 133 ff.).

Schnabel, Thomas: **Geschichte von Baden und Württemberg 1900–1952**. Stuttgart 2000 (zit. S. 114, 125) .

Schnurr, Stefanie: **Schwarzwälder Schulgeschichten**. Lahr 1997 (zit. S. 14, 79 f., 83 f.).